東西の表裏一と
聖書的思考

名木田　薫　著

大学教育出版

東西の表裏一と聖書的思考
目　次

序……………………………………………………………………5

第1部　東西の思想 …………………………………9
第1章　鈴木大拙におけるキリスト教理解 ……………………10
　　第1節　禅における悟り　10
　　第2節　キリスト信仰の禅との関わり（接触点）　21
　　第3節　キリスト信仰の禅との関わり（超過的側面）　25
　　第4節　キリスト教理解における問題点　38

第2章　P. ティリッヒ『組織神学』におけるキリスト教的宗教哲学……54
　　第1節　キリスト教理解の方法　54
　　第2節　信仰の対象　71
　　第3節　神と人との関わり方　90

第3章　エックハルトにおける神秘主義—禅的思想と対比しつつ—……107
　　第1節　神と人との接触の前提　107
　　第2節　神と人との接触の様相　122
　　第3節　神と人との接触の結果　146

第2部　聖書的思考 …………………………………167
第1章　霊という存在 ……………………………………168
　　第1節　悪霊、聖霊等霊的次元の存在　168
　　第2節　聖霊の働き　177

第 2 章　啓示の神への忠誠 ……………………………………… 195
　　第 1 節　思想的背景　195
　　第 2 節　歴史的状況　203

あとがき ……………………………………………………………… 210

序

　本書は欧米のキリスト教思想と東洋的思想との両者に対して、聖書本来の啓示された神という考えは異質ではないかと考える観点から書かれている。そのためまず第一部では東西の思想として鈴木大拙、ティリッヒ、エックハルトの三者をそういう観点から見て重要と思われる諸点に焦点を合わせて概略的に考察した。キリストが象徴とされる点で前二者は共通であり、また禅の立場からエックハルトは高く評価されているからである。聖書本来のキリスト信仰に対比しての三者相互の類似性（表裏一）をいくらかでも示すことができればと思う。いわば東西の表裏一の検討のためである。そういう点についてはこれら三者についての考察を通じて読者各自が自ずから感じ取っていただければと思う。次いで第二部ではキリスト信仰での霊、歴史を導く神を取り上げ、東西の思想に対しての啓示の神という考えの特異性を考察する。こういう対比は目的に適していると思う。聖書的思考が究極的には一体と思われる東西の思想を突破するという事実を検証するためである。そういう点を検証しようとの試みである。成否の程度については各読者の判断に委ねるほかない次第である。少なくともそういう点について話題を提供できればと念じる次第である。

　どのような思想もそうだが、東西いずれの思想も現象的、可視的領域の観察だけに留まるわけではない。人は究極的なるものを探求しようとするからである。いわば背後の世界を考える方向へいく。一方、啓示の源泉は人には今は分明ではない。一種の背後の世界からこの世、現象的世界へ啓示は示される。かくて方向が丁度逆である。しかもこの逆という事態はいわば「ヒト」と「人」との中間的存在である人間を「ヒト」の方へ導くか「人」の方へ導くかという逆と呼応している。各々は中間的位置づけから人間を反対の方向へ導くからである。啓示は人間を「人」へと導く。一方、他の二者は必ずしもそうではないのである。「人」には「あなたには、わたしをおいてほかに神があって

はならない。」(出エジプト 20,3) という聖句によって義への固執という事態が生まれる。「人」である前の人間ではそういう契機は生じえない。自然的存在としての人間にとって好都合な方向へと動くだけであろう。そこには基本的にいって義という契機は宿りえない。例えばパウロも「掟が登場したとき、罪が生き返って、わたしは死にました。」(ローマ 7,9 以下) というごとくである。律法が人に対して規範的力を有しているので、こういう事態が生じているといえる。たとえ同様の体制下に生きていても、こういう事態が生じていなければ「ヒト」から「人」へと移行しているとはいえないであろう。

さて、私が神を信じるという形での対象的信仰は不可避的に、その対象である神を深く探求しようとして、いわば背後の世界へと尋ね求めることとなるのであろう。アウグスティヌスでもルターでもそうである。神秘主義の根本は見えざる神を今何らかの仕方で見えるようにしようとする努力であろう。ここまでは少なくとも異端ではない。エックハルトはさらにその先へ進む。そこで異端とされる。

本来のキリスト信仰では、例えばパウロにとっては救いと裁きとは対等に扱われてはいないのである。前者の方が重視されて、いわばいびつになっているのである。このことは旧約で神への信頼は、たとえ人がどういう状況に陥っても少しも変わらないことと平行したことである。両者を対等に考えうることは神、キリストを信じていないことを顕わにしているのである。つまり人間主義的哲学の作品であろう。いびつであることはキリストの十字架自体が現していることといえる。ただ余りにもいびつになりすぎてリベルティニズムに陥ってはならないのである。

また、根源的出来事であるキリスト顕現からは、例えば人格的な神ということが表象されてくる。一方、禅では仏教である以上、仏性というキリストに比すれば非人格的な性格のものが表象されてくる。こういう相違は重要ではない。なぜならそういう表象は根源的出来事の中にのみその存在根拠を持っているからである。そこを離れたら無意味となるからである。そこでそういう表象を根源的出来事から切り離して、そういう表象と人間という存在とを出会わせるというのは第三者、傍観者の立場に立ってのことである。だがそういう立場

から見られた神という表象は根源的出来事の中で見られたものとは全く異質なものになっているといわざるをえないのである。

　東西どちらの宗教でも世から心が離れていわば天につくことと心が世にあることとは二律背反である。それにはやはり身体が世の組織から離れることが重要であろう。そこで西洋では修道院、日本では寺での修行ということが存してきたのである。身体が世に組み込まれているよりは、心が世から離れやすいと考えるからであろう。

　社会運動は一般に他（他の人々や社会的状況）に対して矛先を向けるが、宗教は自己へ向けている。これは社会運動の見地からは社会改革にとってのアヘンと見られるのであろうが、両者は根本的に異なっている。ここに仏基両教のような異なる宗教同士が和しうる共通の場があるといえる。異―和という関係が可能なのである。自己へ向けるからこそ、そこに罪の自覚ということもまた生まれるのである。もし仮に他へ矛先を向けているのであれば、異―和ではなくて、異―異という関係しか生じないであろう。ただ仏教が主知主義的とされるのに対して、啓示では神にしろ、キリストにしろ不可思議の上にも不可思議な存在なのである。もし不可思議な存在でなかったら、それこそ不可思議というほかないであろう。

第1部　東西の思想

第1章

鈴木大拙におけるキリスト教理解

第1節　禅における悟り

（1）

　禅では人が死後そこへ行く来世もなく、また魂をも人は有していない。かくて普通の意味では禅は宗教ではないのである。このことはまた、神という存在には無関心で否定も肯定もされないことを意味する。ということは逆に考えると、いかなる宗教とも両立しうることを意味しているのである。人が本来清浄で、善であると信じていることの反映といえよう。かくて一神論とも多神論ともいわば相容れると見られる。かくてまた真宗にも禅と同じような悟りが南無阿弥陀仏を唱えることによって達せられているといいうるし、待つことの極みに出てくるのは真宗では南無阿弥陀仏、禅宗では無でもよし、有でもよしといわれる[1]。性善説ということであろう。キリスト教から見れば、罪に対する認識が欠けているということであろう。また禅は経典本位ではなくて、教外別伝である。またその内容の一部として意志は知性的誤認によって誤るが、それ自体は純粋ということがある。キリスト信仰では、アダムの行為を見ても、意志が神の言葉を無視して禁断の木の実を食べたのである。かくて知の問題ではなくて意志の問題であるといえよう。神という絶対者が欠けていると、人間の意

志が神にそむくというような発想は出てこない。そこで純粋というような考えになるのであろう。知性重視に応じて、悟りは人間の根底へまで届くとされる。

知性は二元的世界と和合しようとして矛盾に遭遇するが、悟りがそこから救うのである。一方で合理的に考えつつ、他方で直観的な傾向を有する人が禅によって救われるのであろう。その際、心を乱す種々の思想の停止たる止、変転の世界に知眼を開いている観の双方、つまり止観の同時具修が重要という[2]。しかしこの観というのはキリスト信仰における心が外に向いているというのとは異なっているであろう。というのも信仰では外的世界のさらに向こうに啓示を現す神を見据えているからである。だから世界を見ていることは神を見ていることを意味しているのである。これに対して禅的世界は知的である。禅は余りにも知的過ぎて宗教とはいえないのである。現実世界を眺めうる立場―いわば内からの視点―を持ちえたという[3]。キリスト信仰では内から見ると同時に啓示ということがあるので外から見るのである。知的というより感情的傾向の人は禅には赴かないのであろう。感情的な人は真宗やキリスト教に赴くと考えられているようである。こういう考えの背後には禅から見ると真宗とキリスト教が同じに見えるという事情が存しているのである。確かに例えば親鸞とルターとには類似の契機を見出しうると思う。だがパウロは異なるであろう。この点についてはここでは触れないことにしたい。先のような洞察は存在と形姿における根源的に純粋なもの、超感覚的な認識から由来するとされる[4]。また悟りの知的局面としての物事を如実に見ることは論証的思考ではなく，単なる知的洞察以上のものだという[5]。そのとおりである。だがそういう局面が生じてくるということは逆に悟り自体がどういうものかを暗示することとなるのである。知的性格が強いということである。

分別の世界から無分別の世界に移ることは前者の世界に留まることなく、直観による後者の世界の存在に思い至ったことを意味する。しかしこういう事態は結局分別のない、直観的世界を重く受け取ることとなるであろう。絶対の他者というような存在は欠けているから、自ずからそのようになるのであろう。そうであることが人としての救いには好都合であるからである。たとえそれが不都合でもそちらへ赴くという契機はどこからも現れないである。キリスト信

仰から見ると、そこに問題なしとはできないのである。こういう状況は次のような考えの中にも現れている。つまり、叡智と欲情とが二つの別物という考えは大乗仏教的ではなく、全てのものは仏性の表明であるという[6]。煩悩もまた仏性だという考えがいわれているように思われる。もっとも二元的な考えが究極的なことをいっていないのは事実であろう。この点はキリスト信仰でも同じである。キリスト信仰では二元が一元に帰するにあたっては裁きが介入、介在する。仏教ではそういう契機はない。無媒介的に一であることこそ仏教の特長であろう。ここに人格的存在が究極的なところに存しているか否かによっての相違が出てくることとなっている。ただ、意志が究極のリアリティであり、悟りは知性以上のものと理解すべきという考えも取り上げている[7]。もし意志が究極のリアリティというのなら、それは当然人格的であろう。そこでそこに二元がないというのはどういうことであろうか。二元という事態が生まれざるをえないであろう。

　ところで、悟りは否定的なものと積極的なものとの価値の逆転であり、最高の価値であり、かくてペシミズム的なものではないという[8]。これは正しいことであろう。ただ人格的に、具体的にどのように積極的に代わっていくのかについては述べられてはいないのである。人が人格として生きていく原理的なものはどこにも見出しえないからである。これに関連するが、仏教では一般に誤った自我という観念から解放されると真理に目覚めるとされる。"自我"は全て誤ったものなのであろうか。内に生きているキリストとしての自己というものさえも誤っているといいうるであろうか。反対に、特に人格的存在としてはそういう新しい自己なしに真理に目覚めるといいうるであろうか。"半分"だけの目覚めということになりはしないのか。また誰でも悟りに至れば衆生を導く人となりうる可能性を持つ。この点はキリスト信仰とはいささか趣を異にしているであろう。いかなる人も神の言葉に不従順だと滅びを招くのであるから。神の側に基準は存しているのである。禅では絶対的な神のような存在は欠けているので、逆に人が絶対的存在になっているのである。もっともその場合"絶対"という言葉の意味は異なっているであろうが。絶対自者という（久松）。相対的存在に過ぎない人がそこまで絶対的であってよいのか。人は死ねば塵だか

ら塵に返るといわれる(創世記3,19)ごとく塵に返る。しかしそれから先のことは分からない。無ということを人は直接には知りえない。これは神を直接には知りえないのと同様である。あくまで有の反対概念として知りうるのみである。それにもかかわらず無を有の基礎になっているかのごとく考えるのはどうであろうか。それが正しいことなのかと思う。人は生まれる前、および死んだ後のことは具体的には知りえないのである。禅はそういう具体的な次元を超えていわばそれ以前へ立ち返ることであろう。万物有仏性なのでそういうこととなるのであろう。キリスト信仰は決してそうではない。今までとは異なった、別の領域へと移される感覚である。また悟りでは思考者、思考、そして思想は自己の存在への洞察という一つの行いにおいて一体化しているという[9]。全ての面で分裂という事態が生じないという点で、これは禅の特徴をよく表していると思う。例えば善悪という二元的判断を永遠の相の下で反省して一元へ至ろうとするのである。ただ問題は反省するといってもその基準はどこにもないのである。禅での永遠とか絶対とかはいわば脱価値的であるからである。そういう状況で真に反省ということが可能かと思うのである。人の作る基準は全て相対的である。そこで啓示という絶対的な要素が不可欠となろう。二元的考えがないことに応じて、現実と我々人間との間への分裂の介入や有限者と無限者、体と心との軋轢などを認めない。非仏、非魔という考え、煩悩なしという考えとも共通な考えなのであろう。神からの新しいいわば律法は欠けている、来ていないからである。ただこの場合、人の精神というものもキリスト信仰から見れば単に人間的次元で受け取られているだけで、神の律法へ何らかの意味で繋がっていくものとしては受け取られていないのである。なぜなら仏教的世界には元来超自然的なものは存在していないからである。ということは人間の側から超越的なもの、神に対しては戸を自ら閉ざしていることを意味しているのである。そういう決断がまず最初に存在しているといえよう。

　過去、未来、現在のどこにも住家なしの無住の心こそ絶対的現在という[10]。無意識的な直観的知恵においては到達とか、達成とかという事態はないのでその内に留まることもないという[11]。しかし、そういう知恵の教師はその滞在場所を別の側に持ち、そこから相対的世界を否定して、この世界を夢、こだまと

して表示するという[12]。このように可視的世界軽視という傾向は不可避なのではないであろうか。かくて全存在は夢のよう、全き悟りは夢のようといわれる[13]。これはお経に出ている考えだが、存在も悟りも夢のようだという。全てが夢ということに関して、鏡はそれが映している物事のどれをも留めおくことはないという事実を挙げている[14]。これは確かにそうである。仮に空から感覚が起きることはよいとしよう。しかしそこからさらに人格的な性格がどうして生起するかについては分からないままであろう。人格的なことにしろ、非人格的なことにしろ、なぜそれらが空とせられるのか。神によって創造されたとしても何の不思議もないからである。つまり現実的なものに重みは欠けてしまうのである。直観的知恵（Prajna）の地平において初めて空という次元が開かれてくるという[15]。またこういう地平にあってはいかなるものも自己存在を持たないという[16]。さらに、こういう性格の悟りの知恵においては、自己の本性を見るという場合、主体も客体もなく見ることであると共に見ないことでもあるという[17]。要するに二元的な「見る」という事態は問題にならないということである。したがって、無心（no-mind-ness）というものは虎が近づく時、それを見ても近づかないかのように見、見ていないかのように見ているという[18]。無心というところに自己は存している。そこで自己たる無心は近づく虎を映していないということである。逆説的にいうと、見ることが見ることでないときに真の見ることがあり、それを否定的用語で no-thought あるいは no-mind とよぶという[19]。また自性が自己自身を見るときに自性に与えられる名が直観的知恵であり、したがって後者は自性と同じものであるという[20]。悟りとはこういう構成のものということである。

禅では見性が目標であって、座禅して仏を求めるのではない。座ること自体に意味はないのであろう。禅は絶対他力でなくてはならぬが、真宗の場合とはその意味合いに差異があるのであろう。ただ、三八九がはっきり飲み込めぬと、その場その場を切り抜けることができぬという[21]。どうも禅では"切り抜ける"というごとく自由となろうとする側面が強い。これに対し、キリスト信仰はあえていえば、むしろそこからその場その場へあえて入っていくという側面に重点がかかっているともいえよう。こういう側面は次のような事態にいわば裏返

しにされた形で現れているとも考えられる。つまり、我々が水を求め始めると我々自身と水とが外的関係になって、それまで我々自身のものであったものが我々から取り去られるということがいわれている[22]。確かに水を求める場合にはこういうことがいわれうるであろう。しかし求めること一般がこういう結果を招くとはいえない。キリストを求める場合には、求め、そして主の許に至ると、反対に全てのものがキリストを通して自己のものとなっているのである。もう一つの問題は、水を求めた時、求めている途上では水と自己とは外的関係だが、水の所に至りえた時にはそういう関係ではなく、水と自己とは一体といえる。人間生きている限り何も求めないということはありえない。生きることは、即ち求めることだといいうる。もし求めないというのであれば、それは少なくとも"人"として、"人格的存在"として生きているとはいえないであろう。たとえどんなに外的関係が生じようとも、求むべきものは求めなくてはならないのである。さもないと、安心立命のために人としての義を捨てることになってしまうであろう。外的関係を作らないことが第一に重要なことではないのである。

【注】
1) D. Suzuki; Leben aus Zen 1993 p.148 〜 151　鈴木大拙『東洋的な見方』1977 p.12
2) 鈴木大拙『禅による生活』昭 35 p.143
3) 鈴木大拙『禅仏教入門』1977 p.44
4) D. Suzuki; Leben aus Zen p.88
5) D. Suzuki; Satori 1996 p.143　だが超自然的なものには精神的事実の知的理解の不可能性を示すという役割がふさわしいという（Satori p.102）。悟りには知的理解を超えたところがあるということをいいたいのであろう。単なる知的洞察以上ということに対応したことであろう。
6) D. Suzuki; Essays in Zen Buddhism 1961 p.213
7) ibid, p.222 以下
8) D. Suzuki; Satori p.136
9) D. Suzuki; Essays in Zen Buddhism p.68　もっとも悟りを意識と意志との分裂という事態から説明しようとしている場合も見られる（同 p.154）が、これは西洋人に対して説明しようとする観点からであるとも考えられる。こういう点とも関係すると思うが、

慧能は直観的知恵を第一に、瞑想を第二に考えて両者の一致を考えたという（The Zen doctorine of no-mind p.33）。瞑想には分析的に考えたりするような意識的な要素が入っているであろう。

10) 鈴木大拙『禅による生活』p.62
11) D. Suzuki; The Zen doctorine of no-mind 1984 p.58,65
12) D. Suzuki; Prajna 1990 p.95
13) ibid, p.68
14) D. Suzuki; Karuna 1996 p.22
15) D. Suzuki; Prajna p.61
16) ibid, p.90
17) D. Suzuki; Leben aus Zen p.85
18) D. Suzuki; The Zen doctorine of no-mind p.75
19) ibid, p.29
20) ibid, p.46
21) 鈴木大拙『禅百題』1977 p.111 以下
22) D. Suzuki; Essays in Zen Buddhism p.293

（2）

さらに続けて、悟りの在り方を考えよう。禅問答は論理的には「山是山、山不是山」の認識的矛盾から「山是山」の経験的認識に至る過程を直説したものという[1]。最初の「山是山」と後のそれとは当然同じではない。キリスト信仰から見れば、後の「山是山」における山はまだ本当の山にはなっていないともいえよう。そこからさらに山が神の被造物としての重みを持ってくる時に、後の「山是山」は最初のそれといわば同じ次元に立ちつつもより重いものとなって現れてくるのであるといえよう。こういう認識の対象に関する見解は認識の主体に関する見解と呼応している。「私である」での私と「私は知る」での私とは別であり、こういう分離が一切の悩みの種だという[2]。こういう言表を見ていると、宗教的救いには自我崩壊が必要であることを感じさせてくれるのである。内面的には自己の本性を見極め、外的には可視的なものによって引き回されないことが大切ということとなる。内外のこれら二つの事象は一対のことであることはいうまでもないことである。対自的存在はないので、自己が何か

を達成したというならそれは迷っている証拠であるという[3]。しかし脱価値的である。人には罪があるのに罪に対しても許容的になり、人格的でもあえてなくなるという結果になろう。識別しないことと達成したということとが両立しているのがキリスト信仰であろうと思う。何かを達成しようとすれば、達成した時には達成したという意識を持つことは自然のことであり、何ら悪いことではない。これら二つが二者択一では人格的存在として人は存立しえなくなってしまうであろう。例として、「右の手のすることを左の手に知らせてはならない。」(マタイ 6,3)、「断食するときには、あなたがたは偽善者のように沈んだ顔つきをしてはならない。」(マタイ 6,16)、「『わたしどもは取るに足りない僕です。しなければならないことをしただけです』と言いなさい。」(ルカ 17,10)などが挙げられるであろう。神を信じるということがあるので、何かを達成していても、それが識別しないということと両立していることが分かる。もし神が存在せず、霊が内に宿ることがないと、"自分"が達成しているという意識、理解になるので、ここにどうしても二者択一という判断になるのであろう。禅ではたとえ自己からの自由が真の純粋さとして示されるとしても、不十分ではなかろうか。自由はむしろ神のような存在のインストルメントになっているところにあるのではないであろうか。こういう不十分さは、Prajnaparamita は絶対的なものと現存在の相対的な局面との間の境界線上にあるという考え[4]にも現れているのではないかと思われる。

　東洋でいう自然は「自ずから然るもの」で人為、工作、技巧などに対する言葉であり、また有限なものと無限なものとは二種のものではないという[5]。どのような基準でこれら二種を考えているのかが問題となるであろう。同じ個所において、「無限なものがあなたの内に実現されている」といわれているが、そうなると無限なものというのは日常的なものと別のものではないのである。また人格的とか非人格的とかという区別もない。特定の内容もない。全てのものと一になりうるものである。そうであればそういうものを無限なものというべきなのかと思う。要するにそういうものは何でもないものということである。確かに有限なものは無限なものではない。キリスト信仰ではそれら二つのものは別ではあるが、別々ではない。有限なものは無限なものという判断は目に見

える現実そのものから目を離して初めていえることである。もし現実に目を据えつづけるならば、そうはいえないであろう。全てのものは滅びて消えていくのであるから。最初から現実から一歩退いているといえよう。人は通例知的に有限なものと無限なものとを区別するが、これは単に知的にということであろうか。もし悟りに至った後もそうであれば、そういうこととなろう。だが悟った後ではそのことは何ら問題とはなってはいない。やはり単に知的ではなくて人が生きるということに関連した次元のことが背後にあってのことであろう。しかもこの背後のことこそ問題である。そしてこの背後のこととは人格的なことだといえないであろうか。悪への傾向への反省とかという事態があるのである。

　禅ではその内面的生に特色がある。こういう点にも関係していると思われるのだが、犬も禅を生きているが禅から生きてはいないという[6]。自覚の有無をいうのであろう。このことは、野原を行くときは自我は草の茎となり、山を行くときは雲に覆われた頂きの一つとなるという考え[7]にも現れている。自然と一体ということであろう。キリスト信仰はこういうことを許さないであろう。外的生活も変わることを少なくとも求められるであろう。内面的生に特色があるとするのは分別、無分別のうち無分別に重点があることと対応している。こういう側面を考えていると、キリスト信仰での自我崩壊と禅での自我からの脱却とは異質であるように思われる。前者なしでも後者的な直観に至りうるように思われるのである。

　禅の世界は無目的であると共に目的に満ちており、空間、時間や原因などの諸概念の下で考える限り目的があるという[8]。禅に目的があるというのは例えば人を生死から解脱させるのみでなく、向上の死漢は駄目だというような場合であろうか。しかしそれだけのことであれば目的があるともいえるが、不十分ともいえよう。人を積極的に生かすような目的はないといえるからである。こういう問題点は、絶対空の人とは空白状態ではないが、人間意識を滅して非感覚の無機物になれと教えることもあるという言説[9]にも出ている。ここまでくると、もはや人間の非人格化であるとしかいわれえないであろう。ほかに救いはないのであろうか。否である。人を人としたままでの救いがある。キリスト

を見よといわれている。もっとも、禅による生活とはそのままで完全ということだが、知性も道徳も無視されるのではない。だがそういうものを根拠づける契機に欠けているのである。生は油絵のようではなく、墨絵のようであり、取り消されないという[10]。キリスト教の立場からはむしろ生は油絵ではなかろうか。最後の審判がある以上、生の全体について清算するからである。パウロも「救いにあずからせるように定められたのです。」（第一テサロニケ5,9）といっている。一瞬、一瞬で生が過ぎていき終わるのなら、人格は成立しないであろう。反省してそれをフィードバックするからこそ人格である。かくてキリスト信仰では生は立体的であるといえよう。知性については、それはそれ固有の領域では有益だが、生の流れに干渉させるなという[11]。これはまことに正しいことであろう。ただ知性が無限なものと連なっていく性格のあることはここでは考えていないようである。知性は無限、永遠、神、罪のないことなどを思うことができるのではないであろうか。禅から見れば人の行いがありきたりでも何ら不可思議ではないのである。執着から離れていれば状況がどのように変わっても影響されないのである。鏡にたとえると、像がその上に映っても映らなくても鏡に変化はないのである。なぜなら鏡には特定のものへの執着はないからである。禅では主体が無なのでこういうことであろうが、キリスト信仰では主を信じるということがあるのでこのようにはなりえない。

　理性と矛盾するとしてキリストの復活は否定する。だが一方では新しい立場は知性にではなく、意志にとって近づきえ、論理の領域は終わっているという[12]。このこととどう関係するのか。意志を重視することはキリストの復活を信じることへ通じていきはしないのか。自由による創造は方便善巧といわれ、愛を生み出し、あらゆる存在を無知、激情、悲惨から救うという[13]。これは正しいことであろうと思う。しかし個人的なばらつきが出てくるのではないかと思う。その点が心配である。こういうことを考えると、人を超えた何かが必要なように思われるのである。こういう点から見て、無知、激情、悲惨というように無知が最初に置かれている点が気にかかるのである。やはり衆生が自己が仏性であることを知る、つまり無知からの解放ということが第一であるということであろう。無知が他の二つの原因となっているからであろう。この点はキ

リスト信仰とは異なっているといえよう。

　禅は歴史も現実も、有無も超えている。現実遠離的という傾向になるのであろう。禅者は対立のある相対的世界を超えており、善悪のかなたに生きる。だが人が人として生きる場合、善悪のかなたということをいいうるのであろうか。そのようにいいきれるのか。真に悟ればキリスト教的にはその行いは神の摂理による行いともいえるが、ただそれだけだと自由思想との区別がつかなくなるであろう。ところで、資本家と労働者との争いについて、双方に「私」があり、自利はやがて利他でなくてはならぬという[14]。同じ個所で貧者に食べ物を与えるというようなことだけではなくて、社会全体の組織の上に及ぼしていくことをいっている。キリスト信仰では自分の十字架を負うということなので、そういうことを組織的にというわけにはいかない局面もあろうと思う。禅においても観音を崇め、慈悲を重く考える点もあるという[15]。ただ先にもいったように個人的なばらつきが生じることであろう。

【注】
1) 鈴木大拙『禅百題』1977 p.133
2) 鈴木大拙『禅による生活』昭35 p.115
3) D. Suzuki; The Zen doctorine of no-mind p.53
4) D. Suzuki; Prajna 1990 p.91
5) 鈴木大拙『禅の思想』昭38 p.125 D.Suzuki; Satori p.30 普通にいう自然は物理的世界の意味だがそれとは異なるのである。例えば大燈国師の歌の「おのづから」がそうであるという（『禅による生活』昭35 p.139）。悟りでは、超越と内在、主体と客体の同一性があるという（Leben aus Zen p.54）。
6) D. Suzuki; Leben aus Zen p.13
7) D. Suzuki; Prajna p.176
8) 鈴木大拙『禅による生活』p.145 D.Suzuki; Leben aus Zen p.173
9) 鈴木大拙『禅による生活』p.94
10) D. Suzuki; Essays in Zen Buddhism p.300
11) ibid, p.19
12) D. Suzuki; Prajna p.87
13) D. Suzuki; Satori p.78 もっとも、自由は内的な生の力からの善と美との創造であり、

悟りが愛との調和的結合を成立させているという（Essays in Zen Buddhism p.78）
14）鈴木大拙『禅とは何か』1977 p.187
15）鈴木大拙『禅による生活』p.134 以下

第2節　キリスト信仰の禅との関わり（接触点）

　絶対の現在とは過現未のどこにも留まらない精神である。応無所住而生其心というときの心と絶対の現在とが一である。やはり人として善悪の嚙み合う現実の世界へ積極的に出て行くにはどこかに住所を持つことが必要であり、出撃基地というものが不可欠であろう。こういう点についてさらに詳しくいうと、自性、無意識は直観的知恵（Prajna）によってそれ自身を意識するが、そこでは主体、客体の分離はないという[1]。この内容はキリスト信仰でいえば、自己とキリストの霊との二即一に類似している。禅での空の中にキリストの霊がそっくり入ることもできるのではないかと思わせられる。だが禅では種々の意味での二元からの解放は必然的に人格的次元からも解放してくれるという結果となるであろう。鈴木は真宗を批判して、死んでからでないと浄土往生できぬのは奇怪として、本願の不思議は生死に流転のまま浄土往生し涅槃証得するのでなくてはならぬという[2]。これも禅の立場の特性をよく示していると思う。人格的性格が脱落しているのである。これは自然的存在としての人間についてであって、聖書的な厳密な意味では人格ではない。こういう性格はまた別の形で出ている。つまり無功用であれば十二時使得者として時の主なのである。自分が時を使い、時の主体であるということはパウロの場合にもいいうるであろう。時は縮まっているといわれているように時が迫ってきているという感覚はあっても、圧迫感はないであろう。確かに自我が存していると、親鸞やルターのような反省が生まれるのであろう。自我があるので、ずたずたに引き裂かれることにもなるのであろう。一方、パウロのような場合は、自我は内に生きる

キリストによって取って代わられている。そこでずたずたになるという事態も生じない。そのようになる、されるような主体というものが存していないのである。ローマ7章での「わたしはなんと惨めな人間なのでしょう。」(ローマ7,24)というような場合はルター式なずたずたとはその質が異なっているであろう。ルターの場合、神への恐れが強く罪と義との交換などといって、キリストの受容の仕方に人間中心的なところが見られる。かくて禅から見て、ルターと親鸞とを同列に見るのは理解できるのである。ルターのような神の前での恐れを基礎とした信仰というのは自我(良心)を前提としている。その限りカトリックでの功徳という考え方とも根本では軌を一にしているといえよう。

　閉鎖という心情が抜け、個別という枠が消える。そこではよくも悪くも人格的性格も脱落するのである。キリスト信仰ではここからさらに新たに生まれるのである。「あなたがたは新たに生まれねばならない」(ヨハネ3,7)といわれている。さて、こういう脱落があるので、一つの芥子粒の中に須弥山が入るともいいうる[3]のであろう。このことの内容的説明として、同じ個所で我々の広げている網の結び目は無数にあるので、その一つを持ち上げると全世界がそれに繋がってあがってくるといってよいという。人が人格的にそれぞれの個性をもったものと理解されていれば、こういう考えにはならないであろう。全世界がそれに繋がることはありえないであろう。対立あってこその平和である。禅では現実の世界が現実に変わることなど全く考えていないのであろう。外面的形態から解放されていることは一切の形を持たぬことであり、根源的に染汚から逃れていることである。真の実体、現実性は、現象のかなたにある物自体ではなく、知的知覚の対象にはならぬという[4]。人格は常に形を持っているであろう。終末においてさえも霊の体として身体を持っているのである。禅とキリスト信仰とは同じ現実性を見ているが、その対応が異なっているといえよう。後者では人格的次元の特定の内容があることによって、禅でいわれている知覚の対象にならぬ、現実の裏の面をも突破しているように思われるのである。

　禅では真に自由な個体であるには無分別即分別という立場に至り、個体は同時に超個体であることが必要だが、このこともキリスト信仰でも同じであろう。キリスト信仰の場合には、キリストの奴隷になることによって個はそれまでの

個という性格を失い、キリストによって捕らえられた別の個となるのである。かくて禅と違ってキリスト者はいわば道具である。キリストの意志を持っている。ここには道具主義（Instrumentalismus）がある。もっとも趙州が羅漢的生活をするのをよしとせず、市へ出て灰頭土面の生活をすることを考えたという[5]が、パウロの生き方にも匹敵するといえよう。ただ道具になっているという点は異なっているであろう。こういう点に関係すると思うが、雲門の「東山水上行」について気迫、意力、独立独行的獅子性において人格の最高峰に立つということがあるという[6]。ここに禅での人格の一特性がよく出ていると思う。たとえ神であってもそれを主と仰ぐということは欠けているのである。自己以外に主はないのである。一方、キリスト信仰では、啓示受容と人の無化とが同時に現成するが、人の側に多様性が生じる。これはイエスのいう"自分の"十字架を担って（マタイ 10,38）というように、各人の十字架は具体的には異質、異量であるということであろう。さらに、他に対して矛先を向けなくなるという点でも共通性があるといえるのではないかと思う。禅では心身一体なので心と身体との間を区別はしないが、そういう点もキリスト信仰と同じである。仏教では無を全てのものに共通としている。そこで救いとは人だけではなくて全被造物に該当する。この点もキリスト信仰と類似といえる。ただ神というような人格的存在が欠けているので、自然も人も区別がなくなり、その結果、無についても全てのものについて同じであって支障はないのであろう。この場合には各々の無と一体の特定の有の特性はいわば捨象されているといえよう。つまり個々の有は有としてすでに存在している固有なものとして観念されているものではなくなっているのである。その上、現実的な違いがあるにもかかわらず、その背後にそれと一体的に無だの、有だのと悟り考えることは、机上の"空"論になりはしないであろうか。「騒がしいどら、やかましいシンバル。」（第一コリント 13,1）ということではないのか。ここでパウロは愛を提唱しているが、「不義を喜ばず、真実を喜ぶ。すべてを忍び、すべてを信じ、すべてを望み、すべてに耐える。」（6節以下）といっていることから分かるように愛は随分広い意味を持っている。

　一方、禅の立場では主観の消滅は、自ずから客観の消滅へ通じる。そして主

客の区別は消え、全天全地が一枚となる。確かに自我の否定が生じるとこういう事態が生起するであろう。これはキリスト信仰でも同じである。キリスト教徒も仏教徒も禅を実践できるとはこういう意味に解しうる[7]。前後際断ということは一日と一日とが際断しているということでもある。色がついていると際断ができない。白紙であってこそ際断ができることになる。色がついていると同じ色のものを求めることにならざるをえないからである。類は友を呼ぶという言葉があるとおりである。「その日の苦労は、その日だけで十分である。」(マタイ6,34)ということは、一日、一日の際断を意味しているといえる。前後際断とは日々際断でもある。一瞬、一瞬が信仰の時であるということである。平板化されていないのである。

　邪魔の除去によって時の終わりまでの眺望が開かれ生は妨げられずに展開するという[8]。時空的に際限なしということであろう。時空的連関は全面的に消滅する必要があるのであろう。人は一般に現世においては何かをどうしてもしなくてはならないと感じているが、そういうことがなくなったことは、「重荷を負う者は、だれでもわたしのもとに来なさい。休ませてあげよう。」(マタイ11,28)というときの「重荷」がなくなったことを意味している。人は通常何かをしなくてはならないという心によって動かされているといえる。逆にいえば、静止することができないでいるのである。邪魔の除去には自我の除去が必要である。そういう自我が消滅してしまうことができないということはこの可視的世界において何かをしておきたいという気持ちがあってのことだといえる。反対にそういう心が消えているのであれば、時空的連関は消滅することができるであろう。パウロは伝道に際していう、「すべての人に対してすべてのものになりました。」(第一コリント9,22)と。禅でも悟りがぎらぎら光っていたのではまだまだであるとよくいわれている。キリスト信仰にしろ、禅にしろ要するに世にこだわりがあるとつぶれえないのである。ところで"時の終わりまで"というが、終わりの後のことについては何もいっていない。このことは時の終わりということが具体的には受け取られていないことを表していると思う。聖書は終末後の新しい世界を開示している。このことと人格主義的ということとが関連しているのである。

【注】
1） D. Suzuki; The Zen doctorine of no-mind p.79
2） 鈴木大拙『禅百題』1977 p.74
3） 鈴木大拙『禅とは何か』p.95 さらに、禅について、あなたの意識の中で何か新しいものがなくてはならないといわれている（Leben aus Zen p.16）。"意識の中で"という。新しいものは意識の中にあるということである。キリスト信仰では現実が変わることが大切である。人の意識の中の変化などは二次的なことであろう。
4） D. Suzuki; Leben aus Zen p.34
5） 鈴木大拙『禅百題』p.121
6） ibid, p.53 以下
7） 鈴木大拙『禅仏教入門』p.24 キリスト信仰と禅とが矛盾しないと見ているようである。また禅は全ての哲学、宗教の究極的事実で、キリスト教、回教でも大いに生きているという（Essays in Zen Buddhism p.268）。確かにそういう一面はあるであろう。一日一日を新たな日として白紙の心で生きることである。
8） D. Suzuki; Satori p.161 以下

第3節　キリスト信仰の禅との関わり（超過的側面）

（1）

　仏陀は生活実践上の関心は持っていたが、哲学的諸問題については多くの場合未解決のままにしておいた。しかし実践といってもキリスト信仰の場合とは異なるのではないのか。後者では現実界、人間界の中でどのように生きるかが問題なので仏教では不必要とされても、そうはできない問題も生じてこようと思う。実践的ということがキリスト教から見ると非実践的、現実から一歩退いたような性格を持っているのではないのか。現実の只中へ自分が出て行って、そこでどのように生きるかというのではないであろう。むしろ反対に一歩退くことが実践と一になっているのではないのか。これは西田のいう行為的直観というときの行為と呼応しているともいえよう。

仏教では仏陀の弟子の体験、思索が体系の重要な構成要素だが、仏陀の存在自体に重い意味があるのではない。これに対してキリスト信仰ではキリストの存在自体に意味があるのである。イエスの教えはむしろ二次的なことであろう。大抵の宗教はそこからすばらしいものが出てくる神を信じることを要求するが、禅はこの順序を逆転し木馬がいななくなどと説明するという[1]。水が流れず橋が流れるなどで表明されるすばらしきものとはキリスト教での奇跡のように現実的な出来事ではない。この点が異なっている。心の中での変化を示している。その上、こういうものを経験的世界のことよりも重視してよいのか。そういう世界の方をこそ重視すべきであろう。なぜならこれなしには悟りの世界も存しないのであるからである。後者の世界がいわば独立に存しているかのように思うこと自体が正しいとは思われないのである。世界の存在以前にもこの現実性はあり、世界がもはや存しなくてもそれは破壊されないままだという[2]。この現実性とは純粋さ（Reinheit）であり、自我が妥当させられない場合に存するとされている。かくてこの純粋さというものは、何もそういう実体的なものがあるわけではないが、世界があろうとなかろうと存するということとなる。しかし世界の存否と独立したようなことやものを考えて何の意味があろうか。そういうことを現実性と感じる感覚自体が問題とされるべきであろう。

　こういう状況は、仏教の場合、多くの人が現世離脱的方向へ傾斜して無から有への関わりをおろそかにすることに呼応する。こういう性向があるということは個々の仏教者の責任ということではなく、禅そのものの責任ということであろう。もっとも、盤珪は空間においてではなく、時間の中に生まれざるもの（das Ungeborene）を認め、それを生きたという[3]。たとえ時間の中に不生なるものを認め、それを生きたといっても、世界、時空の世界が神によって造られたというのではないので、重みはない。そこで真に時の中において生きたといえるのか疑問である。時の中において生きたのなら同時に空間においても生きたことであるほかはないのである。時空は常に一体ではないのか。

　ただ、禅において絶対と相対とが相通じるところが出てくるのは、現実的世界の中に視点がないからであろう。ここに視点がある限り、絶対の神と相対の人との間には基本的には断絶しかなく、相通じるところなどそもそも思いつく

ことさえできないであろう。禅では内面に視点があるのでそういうことが可能なのであろう。人の内面よりは神の栄光が現されるべきこの現実界の方が重いということがキリスト信仰では基本的であろう。一般に悟りとは絶対的な心の在り方で、そこにはいかなる差別もない状態とされるが、人が人格であれば善悪の区別は不可欠である。そこでそういう無差別の状態からさらに進んだところ、先のところにキリスト信仰はあるといえる。もっともこの点は禅から見るとむしろ逆に見えるであろう。人格的なことについては例えば、悪の根源とされる切望（煩悩）は無知が理解されると克服されるのである。ここではよいことに執着するのも煩悩となるのではないかと思う。結局、仏教は最初から脱価値論的なのではないのか。自然主義的、非人格主義的なのであろう。仏陀の悟りについて、心の中での混乱を平静にもたらすには彼の最内奥の存在と関連した何かに頼らねばならなかったという[4]。心での混乱は人の人格の善悪いずれのことについてもいいうる。よいことを追求していこうとすれば、罪の意識が生じ平静ではありえない。かくて結局仏教では人が原則的には人格的存在として見られてはいないのである。キリスト信仰ではローマ7章でのパウロの嘆きのような心の平静の喪失は大いに結構なことといえるのではないのか。仏教では人は自然的次元の存在としてよきものとして見られているだけなのである。そういう見方そのものがすでに人間中心的ということであろう。心は瞑想によって平衡の状態にあるのであろうが、キリスト信仰ではローマ7章を見ても平衡尊重というようなものではない。平衡とか意志のコントロール下にということになると、結局自己のコントロール下に自由な精神が存していることとなる。真に他なる者の下に存在しているのではない。人格として行為しようにもその原理がないではないか。原理なしではたとえ人がいくら動いてもそれは人格的行為とはいえないであろう。どれだけ動くかという量の問題ではなくて、その動きの質の問題である。

　これに対して、有無間での軋轢は無駄なことであって、一切の存在物に両者の分離を見ようとする無知を振り払い、平衡に至りつくのが禅の立場である。キリスト信仰は神の義を求めているのであり、平和を求めてはいない。仏教では結局人の安心立命が求められているといえよう。人間中心的である。そこで

視覚に現れていたものは思索の結果だったということとなる。目の前に現象しているので実有と思い誤ってしまうのである。このように考えると、唯心論的になってしまう。聖書の発想は唯物論的とはいわないが、現実の世界が優先しているであろう。思索の結果と考えること自体が人間中心的発想であることを示している。キリスト信仰とは仏教によるとまさにこの思い誤った世界を真の世界と信じてキリストに従うことであろう。悟りでは欲情から自由と感じている。他方で善悪を超えている。これら二つのことはどこで、どのように調和しているのであろうか。欲情などの悪からの自由が善悪を超えることなのか。すると実際には悪は消えていることが善悪を超えていることなのか。しかし人、世に生きている限り完全に悪から自由となりうるのであろうか。

　禅的には個人という感覚は根源的には存しないのである。人間存在というものをただ平面的に見ていると、こういうことになってしまうのであろう。神という人格的絶対者との関係という立体的、主体的構成において見るときに、人格的な"個"というものが生まれるのである。神─人格─個という連関は不可欠のことである。また仏教者は悪く行為しないようにという忠告を保持しているが、カルマ─原理は明らかに非人格的に働いているという[5]。このようにカルマと人格とは両立しないのである。また、全ての存在は感覚の有無に関わらず仏陀の本性を授けられているという[6]。本質的には仏陀と我々とは違いはないということとなる。個という契機の埋没ということであろう。こういう考えはまた、自由ということの説明に多くの場合、松、竹とかの自然物が出されることにも反映している。人のような人格的存在の在り方の説明に非人格的なものを使うのは適切ではないであろう。全ての存在はそれらのカルマの遺産であり、それらのカルマから出てくる、特に人のカルマは当人の個別性を決定するという[7]。しかしこの世界の中に生まれて初めて個体は存在しているのだが、前世などを考えたりすると実存的ではありえなくなってしまうであろう。個別的存在の後ろには個別の実体は存在せず、あらゆる存在は各々の原因の結果である。そこで人格というものなど成り立たないのである。神という対話の相手があって初めて人格は成立するといえる。パウロもたとえむさぼっていても、律法がないうちはむさぼりなるものを知らなかったとしている（ローマ 7,8）

ごとくである。つまり人格的個は成立していないのである。

【注】
1) D. Suzuki; Leben aus Zen p.37
2) D. Suzuki; Karuna p.38
3) D. Suzuki; Leben aus Zen p.143
4) D. Suzuki; Essays in Zen Buddhism p.123
5) D. Suzuki; Shunjata 1991 p.15
6) D. Suzuki; Essays in Zen Buddhism p.64 以下
7) D. Suzuki; Shunjata p.9

　　　（2）
　大乗仏教では善悪や対立の概念を超えている。そこで人格的在り方ではないことを示唆している。善悪というものも相対的概念となるのであろう。そのように考えるところに、また非人格性がでている。罪から死がきたという理解とはいわば正反対である。ただ、悟りの下での感情、思想などは自我的ではなく、染汚にはならない。悟りは純粋な無であるように見えるが、そうではないのである。だがこれでは不十分であろう。ならないとかというごとく否定的であっては人格的とはいえない。積極的原理なしには人格は成立しないであろう。悟りの下では自我前提の諸事項が消え、心は倫理的事項に対してもいわば中立的な状況になる。積極的に受け入れているのではない。絶対的倫理の下に自己を置いているのではない。人格的観点より見れば、要はあえていえば無頓着ということであろう。非人格的という点がよく出ているのである。
　肯定即否定、否定即肯定で、しかもそこにこの対立を入れている人格が見えるという[1]。こういう人格はまだ人格とはいいがたいと思う。人格の素材ができたということであろう。悟りが純粋な否定の状態と混同されるのは時間の非時間性に目覚めた心は無内容で現実の経験感を伝えないからだという[2]。無内容というが、そうではなくていわば未分化へ戻るという大いなる内容があるといえる。しかもこれは人格的性格のものではない。むしろキリスト受容と一体の自我崩壊こそ無内容といえはしないのか。だからキリストが入ってきうるの

である。先のことは別の形でも表現されている。つまり、悟りの究極の到着地は自己にあり、自己自身の裡に帰還するほかに向かうところはないという[3]。このような自己こそキリストの受容にとって障害となるであろう。ところで、慧能の一心（dhyana）は活動に満ちていて、しかも個々の物事の世界の中で運び去られない限り、それの上にあったという[4]。この点についてはキリスト信仰でも同じといえよう。活動に満ちとはいってもその活動の原理のようなものは特にないのであろう。そういうものを人格的活動といえるのか。運び去られないためにはこれまたその人固有の原理を必要としないのか。かくて同じ運び去られないといっても禅とキリスト信仰とではその内容が異なるであろう。絶対と一になり善悪を超えれば、自ずから全二元論を離脱する。二元論越えは善悪越えである。そういう結果にならざるをえないのであろう。このことは仏教が非人格的であることを示している。仏教はこれ以上には進まない。キリスト信仰はまさにここからいわば神の啓示の光が入ってきて新たに善悪が始まるのである。一方、慧能の考えとして道徳、瞑想、叡智などはすべて自性の様式であるという[5]。自性が無、つまり無性であるのでこういうことがいえるのであろう。なぜならそれは何ものとも矛盾しないからである。

　人格というものは元来そういうものではないであろう。無なるものを自性といえるのであろうか。人が「自」といえるためにはそれ固有の性というものがなくてはならないであろう。他の何かと共通なものではもはや「自」というに値するものではない。仏性というものは善悪、時と永遠というような対立するものへと分割されえないのであろう。善悪ということと時と永遠という二元との同列扱いは仏性というものが非人格的性格のものであることを示している。もし人格的であれば、これら二つの二元を同列には扱えないであろう。また人格ということでは対自的存在であるということをはずすことはできない。このことはローマ7,7以下のようなことを感じるということの前提である。一方、禅ではそういう在り方が捨てられている。だからこそ人によって具体的在り方に大いにばらつきが生じてくるのであろう。神が人に呼びかけることによっても、人はそういう対自的在り方から解放されることはありえないのである。このことによっても分かるが、キリスト信仰と禅とは両立しないのである。もっ

とも禅的な悟り、無の場にあって生きていても、再び対自的になる可能性がないのではない。しかしそのためには人は現実の世界の中で暮らしていなくてはならないであろう。例えば禅寺のような別世界に生きていてはいつまでたっても人としての自己の在り方に疑問が生じることはないであろうからである。いわばサタンの支配下にある現実の世界の只中に生きていることが不可欠である。現実の只中に踏みとどまっていなくてはならない。いわばブラックホールから出てくるためにはこのことがまず必要であろう。ただキリストと二即一の存在(ガラテヤ2,20)になると、対自的存在とはいえない。キリストが主体として生きているのであるから。たとえ対自的であっても、それまでの人の存在としての対自的存在ではもはやなくなっているからである。神自身が三一的在り方であるのに応じて、神(キリスト)の霊が自己の現実的存在を反省する人に給わったキリストの霊を反省しているのである。これら三つは父、子、聖霊にあたるといえよう。

　仏教では心が軽くなっても重くなってもいけないので中庸の道を行くという[6]。この点はキリスト信仰と異なる。キリスト信仰では人の罪を律法に照らして徹底的に暴こうとする。そしてそこからキリストへと赴かせようとする。中庸を取っていると、罪を掘り下げることができないであろう。仏教での罪とは自我の存在と規定についての無知のことでこれを克服すればその人は罪なしという[7]。これはキリスト信仰でのそれとは異なる。行為においてローマ7章でのように不完全なら罪となる。仏教のは主知主義的といえる。キリスト教から見ると、仏教で罪なしとされても、そこから罪との戦いが始まるといえることとなるのである。罪は自他を害する悪い衝動、欲求で満ちていることではなく、自我を究極の事実と見て行為することの内にすでにあるという[8]。両教で共通といえなくもない。禁断の木の実を食べて人は自我となったのである。そこから種々の悪の実がなったのである。ただキリスト信仰は現実的に考えるので、「満ちていることではなく」とはいえないであろう。

　事実、自我がなくなっていれば、あらゆるものに対して肯定、否定の気持ちを持たないであろう。少しでも自我が残存していると、倫理的行為といえども「禅」とはいえないのであろう。このことはキリスト信仰にも当てはまる。禅

から見るとキリスト「執」があるということになるのであろう。仏教では神もキリストも存しないので、判断は悪い意味での我であるほかはないのであろう。キリストが心に入ってくることによって事情は異なってくる。仏教では分別、判断をするので苦がくる。そこでそれらを止めようということとなる。キリスト信仰ではそういう分別を捨てずにそのままにしておいて、しかも苦を除いている、否それ以上であるような道である。分別することと苦がくることとは別のことではないのか。前者は知的作用の働きである。後者は実存全体のことである。キリスト信仰と対比して次のようにいわれている。「禅はたとえ神がそこで見いだされない時でもそれ自身の仕事をなしていける。禅は神の支えに依存してはいない。あなたが神を持っていると神でないところのものが排除される。これは自己制限的である。禅は絶対的自由を欲している、神からさえもの自由を。」という[9]。これは禅での自由の性格をよく示している。人間中心的ということである。キリスト信仰はたとえ禅的でなくても、神の啓示に沿うことを優先するのである。

　さて、神を信じてエジプトを出る時、あるいはキリストを信じて自己の全存在を賭けるとき、自己の存在の底を抜けてしまうまで神、あるいはキリストは自己の内へと入り込んでしまっているといえよう。かくて神とかキリストとかに依存するという理解は西洋化されたキリスト教については妥当しても、聖書本来のキリスト信仰については正しいとはいえないのである。禅の場合、他なるものが入ってきて底を抜いてしまうのではない。自己の底は抜けるのであろうが、他なるものが入ってきてそうなるのではないので、いわば自他に共通の無というものへと至るだけである。そういう共通な無なる底をさらに打ち抜いて他なるものが入ってくるのがキリスト信仰といえる。禅の内だけで考えていると、禅での無底を無依底と見る（西谷）のであろうが、より広い視野で考えてみると、ある種の質料底として見ることもできるのではあるまいか。もし私の記憶違いでなければ久松が質料底ということをいっていたと思う。そのように無底ということが見ようによって無とも有とも見られるのではないかと思う。少なくともキリストの復活の否定にも現れているように理性への固執が残っているのである。この点を見ても無は無ではなくて、ある種の有といえるのでは

ないかと思う。存在という点で余裕のあることが人に属している理性によるリアリティを残すという結果になっているのであろう。自己の底が抜けたことは世界の底が抜けたことでもある。自己の底が抜ければ自ずから世界の底も抜けるほかないのである。創造の頂点である人間の底が抜ければ、それ以下の全ての存在の底が抜けるのは当然であろう。思うに禅での無は禅の仕方で理解される。キリスト信仰での無はキリストを信じて初めて理解される。無という言葉としては同じともいえよう。しかしキリスト信仰者にとっては禅的仕方ではその無は理解されぬし、実現もしない。かくて全く異なるともいいうる。同じだが異なる。こういう二種の無については即非ということをいいうるかもしれない。というよりも非を先にして非即というべきであろう。そのことがそれによって生じる根拠が大切で、しかもそれが異なっているからである。禅をキリスト信仰から見ると、あるがままというよりは"ないがまま"と見える。「光あれ」と神がいう前のところへ立ち返るという趣旨と呼応すると思う。つまりそこにはまだ何も存してはいないのである。後者の方があるがままということであろう。かくて存在しているもの（禅ではこういうことはいえない）は存在しているかのように存在しているということになる。つまり仮ということになる。神によって創造されてあるがままという世界が出現する。ここでは神の意志によっては滅びることにもなるので、そういう意味で全てのものは仮である。つまりあるがままで仮である。キリスト信仰での無は人が信仰によって、例えば世の権力にも屈しないところに現成するものであろう。キリスト信仰によって無自体もまた生み出されているのである。かくてこういう無は霊によって満たされているといえよう。

　個と超個とは矛盾するが、そういう矛盾を矛盾としてそのまま受容することが脱却であり、般若の論理はそれを即非という[10]。パウロが自己をキリストの奴隷という時、そこにもこのような矛盾はあるであろう。しかしそれは脱却とか解消とかと表現される事態かどうか問題である。そういうネガティブな姿勢には疑問を感じるのである。こういう考えはまた、竪超でなくて横超であり、これが非連続の連続であるという考え[11]と呼応している。横という。一即多、矛盾の自己同一という立場は確かに横に超えることであろう。こういう相違は、

正覚をとらずに衆生の利益のために働くというのと、キリストのために働くというのとは異なる点にも反映する。前者は人間を人間として救うことが目的である。後者ではキリストを宣べ伝えることが目的である。信じる人がなければ「町を出て行くとき、足の埃を払い落としなさい。」(マタイ 10,14) ともいわれている。神のためという契機が大切である。もっとも「あるべき」ように努めることなしには本来の面目は働かぬという[12]。しかしこの場合の「あるべき」とはキリスト信仰の「自分の十字架を担って」というような「あるべき」ではないであろう。他者はあくまで存しないのであるから。

【注】
1) 鈴木大拙『金剛経の禅 禅への道』1977 p.139
2) 鈴木大拙『禅による生活』p.66 以下
3) 鈴木大拙『禅仏教入門』1977 p.85
4) D. Suzuki; Essays in Zen Buddhism p.225
5) ibid, p.217
6) ibid, p.84
7) D. Suzuki; Shunjata 1991 p.20
8) ibid, p.23
9) D. Suzuki; Essays in Zen Buddhism p.263
10) 鈴木大拙『禅の思想』p.94
11) 鈴木大拙『東洋的見方』1977 p.93
12) 鈴木大拙『禅の見方 禅の修行』1977 p.42

(3)
　自然の草木などと対比される禅的存在に人間的、人格的な意図などはない。人の生に自然の物との共通性が一面あるのは事実であろうが、そういう意図がないということはどういうことを意味するのであろうか。これは禅自体が人格的性格を持っていないことを示しているであろう。自然の中の存在として人間を考え、受け取る場合にはこれでよいであろう。こういう面は、現実自身においては有限無限、霊肉の間で戦いはないという[1]考えにもでている。月を指差す時、指を月と考える人は災いだということに関連していっている。霊肉間に

戦いがないと考えるのは、元来禅の世界には超自然的なものが欠けているからである。そういうものが到来して初めてこういう争いが起きるのである。パウロもいうように、「掟が登場したとき、罪が生き返って、わたしは死にました。」(ローマ 7,9 以下) ということだ。無限なものは存しないので有限なものの中に救いは求むべきであり、超越的なものを求めれば自己を相対的世界から切り離し、それは自己消滅と同じで、実存を犠牲にして救いを求めてはならないという[2]。ここでいわれていることはことごとくキリスト信仰とは異なっている。無限なものは存しないという前提に立っている。相対界から離すというのはむしろ反対であろう。この世界で生きようとするからこそ求めるのである。自己消滅、実存犠牲などというのも反対である。自己を得ることであり、実存を確立することである。ここでいわれている前提こそ問題とすべきことであろう。仏教者の内的生の流出であればその証言はよいもので、事実聖なるものだという[3]。聖とまでいっている。人自身に関して、そのどのような点をとってみてもそれ自体で聖といいうるものはないのである。罪と死に現実には支配されている限り。"聖"ということが軽く見られていることが分かる。罪、死から解脱しなくては心が安らかでないこと自体、また解脱して悟ったりしていること自体が人は全存在として聖でないことを証明しているのである。

　法華経は仏陀の地上への出現、その歴史的生命を世界救済の方便善巧として考察するという[4]。キリスト信仰ではキリストは人と世界を救うために世に現れた。これと同じなのか。否、異なっている。方便善巧というのであれば一回的でなくてよい。仏陀は全く偶然的で必然的な存在である必要はなくなろう。キリストは神の受肉なので、一回的であり、かくて他のものはキリストに代わりえない。無知から自由な精神と意志との結びつきによる救いは事実としても、また意志が知性より根源的でそういう精神は恣意的行為は行わないと考えられるにしても、救いの仕事をすることについて個人によるばらつきを否定できない。楽観的にすぎるのではないのか。パウロのような人でもローマ 7 章のような告白をしているのである。また恣意的な方向へ行かなければそれでよいというものでもない。それはむしろ単なる出発点に過ぎない。そこから愛の行いへと出て行くときに、人は自己についていろいろと不十分な点、制約、一言でい

うと罪的なことに気づくのではないのか。キリスト信仰で回心後に初めて罪の意識が出てくるというのはこのことであろう。救いのための働きと罪の意識の芽生えとはまさに同時といえよう。

キリスト信仰から見ると、地上に生きている限りたとえどんな戦いの後とはいえ人は罪から自由ではありえない。その限り怠惰とか、レッセ・フェールという要素を残していると考えるほかない。また個人の各々の人格の相違という問題もあるであろう。平安は人格の全ての強さをもっての戦いの後で得られ、禅における道徳的剛健はそういう戦いから由来するという[5]。禅の中でだけ考えているとこれでよいのであろう。そういう意味では神の前にあっては傲慢とでもいうべき性格をぬぐいえないであろう。現実の世界をそのまま肯定できれば正覚と見得るという[6]。現実界に対する分別で苦しむか、分別をやめてそれをそのまま肯定するかである。キリスト信仰とは分別しても苦しまないで、しかもそれをそのまま肯定もしない道を意味している。どちらでもないのである。キリスト信仰とは時空の中へ自己を入れても絶対的現在から自己を隔てないのである。キリスト自身が時空の中にありつつ「わたしを見た者は、父を見たのだ。」(ヨハネ 14,9) といっているように。時空の中へ自己を入れたら絶対的現在から離れるとはいかにも不自由なことではないのか。衆生済度ということは時空へ入りつつ絶対的現在である道ではないのか。もしそうでないのなら、それはあるがままの自己に関係する関係としての自己が否定されていないからであろう。もし否定されていれば、時空の中へあるがままの自己を置きいれても、それに関わる自己はいわば死に体であるので、そのことによって絶対的現在から隔てられるという事態にはならないであろう。

禅はいわば未分化の状態へ戻ってそこに自己を位置づけることになっているが、キリスト信仰は逆に分化した状態の矛盾を推し進めてその矛盾を打破するとも考えられる。戻るのと進むのとで種々の相違が生じるであろう。永遠の今にあって過去、未来を共に達観するのが悟りの特徴であろう。キリスト信仰はあえていえばこういう特権を放棄することに始まるわけである。要は禅的世界では、全宇宙の運行すら蚊が飛ぶ底以上の意味を持たぬという[7]ように外的世界のリアリティが尊重されぬのである。キリストの出来事によって触発させら

れないことはどこからくるのか。それは仏教では分別の無分別ということを考えることによって、実際には無分別のところに重点があるからであろう。というのも無分別でない限り人は分別界からの苦しみから救われないからである。分別界に何があっても影響のない無分別界に生命が移っているのである。かくてこれは本当は分別即無分別ではないのではないのか。分別の世界は消えている。キリストを信じて分別の世界へ出てきて初めて本当に分別、無分別のどちらにも偏らないような分別即無分別の世界になるのではないのか。分別即無分別ということはキリストを信じて初めていいうることではないのか。ただ単に安心立命したいのなら仏教ないし禅で用が足りる。またその方がより合目的的であろう。人が安心立命するためならキリスト信仰はむしろ目的にそぐわないであろう。目的に反してさえいるともいえよう。しかしそれでは満足できない場合、キリストを信じざるをえないであろう。その結果、神の救済史のインストルメントになるのである。このことは禅的な安心立命を許さない。それを破壊するものである。だからキリスト信仰の伝道では人が安心立命するのを目的にしているのではなく、そういうインストルメントになる人を探しているようなものであろう。

【注】
1） D. Suzuki; Satori p.22 月と指とのたとえは象徴と現実との間の関係にとってのよき例証だという（同 p.72）。ここでも自然のことが扱われている。
2） ibid, p.29
3） ibid, p.74
4） ibid, p.78
5） D. Suzuki; Essays in Zen Buddhism p.26 以下
6） 鈴木大拙『禅の思想』p.38 また、人が時空間の組織の中へ入るとすでに絶対的現在から一歩隔てることになるという（『禅による生活』p.57）。
7） 鈴木大拙『禅仏教入門』 p.37

第4節　キリスト教理解における問題点

（1）

まず、真宗、キリスト教が民衆的宗教という意味では、禅は元来そうではありえないという[1]。民衆的とは他力的ということで、禅はそうでないのでこういうことなのであろう。禅から見ると真宗とキリスト教は同類なのであろう。

さて、啓示についてキリスト教では客観的世界の極限に神を認めその神から啓示が来るという考えに比していえば、禅では自らが自らに啓示するということになるという[2]。西洋化されたキリスト教では確かにこうなのであろう。しかし本来は人が神を認めそれから啓示という順序ではなくて、啓示から始まっている。人が啓示以前に理念的に考えている神と啓示における神とは質的に異なっているであろう。同じ個所で、キリスト教では外へ外へと向かい、仏教では内へ内へと進むという。東洋的意識は内的、直観的で論理的、体系的ではないが生の根源的事実を把握するのに対し、西洋的意識は二元的世界から出発するので非―根源であるその根源へ至るのは難しいという[3]。だがキリスト信仰では内へという契機と外へという契機とが同時に生起しているのである。キリストを信じた時にも二元的といいうるのか。キリストにおいて全てが総括されているからである。禅でいう"二元"とは別の意味ではいえるであろう。論理的、体系的でないことと生の根源把握との一体ということも禅固有の意味とは別の意味でいいうることであろう。

禅での無はいわばブラックホールのようなものであろうから全てを飲み込んでしまう。思うに聖書の中では無ということはいわれてはいないのではないのか。無からの創造という考えは西洋の神学がいい出したことである。人が死ぬと「塵にすぎないお前は塵に返る。」といわれている（創世記 3,19）が、無に帰するとはいわれてはいない。旧約の世界は有の世界なのである。神は出エジ

プト記3,14でいわれているように"わたしはあるという者"なので、神が存している以上、無ということはありえないことなのである。禅の人は、たとえば鈴木は神が光あれという以前の所に最大の関心を持つというが、聖書はそんなところには全く無関心といえる。無の世界に興味はないのである。神が存する以上、最初から有の世界なのである。創造物語がバビロニアの神話から話が取ってこられた結果、最初から世界創造の材料があったとしても、何ら支障はないのである。このように考えてみると、いわゆる東西は無を基本にした世界であるのに対して、聖書の世界は有の世界といえよう。徹頭徹尾有の世界なのである。仏教は例えば仏陀の出家の時でも生老病死について彼の心が苦しむという事態から始まっている。一方、イスラエル民族はエジプトで奴隷であり、現実的に苦しい状況に置かれていることから出発している。このように最初の出発点において一方は心の問題として、他方は現実の世界の中での問題として出発しているという相違がある。後者においては心の中での変化は所詮無意味なことである。前者では外的要因によって自己の存在が危機にさらされているという状況は存してはいない。存在は確保されていて心の問題が出ている。後者では存在自体が葦の海とエジプト軍との挟み撃ちにあって危機に瀕している。現代の人間の状況はそういう危機にあるイスラエル民族ほど緊迫はしていないが、類似の状況にあるといえまいか。思うに人が生きておりながら、無を体験するというように感じること自体が正しいとは思われないのである。無とは文字通り存在の消滅を意味しているからである。キリストが十字架上で死んだように。つまり人は無を生きながらにして体験することは不可能であるのである。それはちょうど人がどんな体験をしても、それを神に直結するものとか、神性とかとして考えることはできないのと同様なことだと思う。無とか空とかはそれ自体としてリアリティのあるものではないが、人がそれをリアリティにしているということである。無というものは万物在仏性というごとく人にも一体的なものとして存していると同時に存していないものであり、結局、人は人の側にリアリティがあるという考え方に留まっていることとなろう。

　悟りについて、時の意識を通っての旅から帰ってくると、意志は神そのものであるという[4]。これでは人は神になってしまっている。人がいかに悟ったと

しても、神そのものであるとはどういうことか。こういう"神"とはそもそもどういうものなのか。明確な概念規定も何もない。少なくとも啓示の神ではない。神を人の次元へと引き下ろしてきている。日本人にとってごく常識的な神観念が前提となっているのであろう。啓示された唯一の神を人間的次元へと下げているのである。意志は神そのものという考えは、禅とキェルケゴールとは経験的には同一視できるという[5]考えとどのように調和するのか。実存的飛躍という点で共通、調和するというのであろう。内容的にではなくいわば形式的にということであろう。しかし禅では一般にエックハルトを重視している。この点はそれでよいのであろうか。先に"意志は神そのもの"という考えがあった。この場合の神はエックハルトでの「神の目と人の目とは同じ」というときの神というものと同じといってよいのか。彼ではキリスト教の神が前提とされているであろうからである。そこでいう意志が超自然的でないのなら、神というものもそういう性格のものであるほかないであろうからである。そういう神概念の相違が無視されてしまうので、エックハルトの見解などに共鳴することになるのではないのか。また、無意識とは"汝の意志がなるであろう"ようにせしめることで、自己の意志を主張しないことであり、全ての出来事や思想も神的意志に属すという[6]。自己の意志を主張しないことは分かるが、そもそも神を信じていないのに、"汝"と呼びかける相手もいないのに、そういう発想をしてよいものか。全てが神的意志に属すというのも同様の疑問を感じざるをえない。同じ個所で、イエスのいう「明日のことは明日自らが思い悩む。その日の苦労は、その日だけで十分である。」(マタイ 6,34)という言葉について、明日を未来、その日を現在と入れ替えると、イエスのいうことは禅師のいうことだという。どういう意味でこういうことをいいうるのか。前後際断という観点からであろうか。また宗教的意識の根本原理としての受動性を表している「明日のことまで思い悩むな。」(マタイ 6,34)という聖句を引用しつつ、生成は現存在への不満、変化への願望を含むので、信仰とは生成ではなく存在であるという[7]。これは禅を前提としての話であろう。キリスト信仰では「自分の十字架を背負って、わたしに従いなさい。」(マタイ 16,24)という言葉が同時に発せられる。存在と生成とを分ける二者択一ということはできないであろう。従

うという契機を含んだ存在ということとなろう。存在は存在でもその内容が異なるであろう。同じ個所に書かれている信仰とは存在であるということが全宗教の基本という考え、思い煩うなということは全宗教の究極の言葉という考えは"禅は宗教の原現象"という説（西谷）を思い出させるのである。禅では他者という契機は欠けているので従えというような緊張が生じないのであろう。

【注】
1）鈴木大拙『禅仏教入門』p.104
2）鈴木大拙『禅問答と悟り』昭38 p.86
3）D. Suzuki; Prajna p.82
4）D. Suzuki; Satori p.150
5）鈴木大拙『禅による生活』p.42 さらに、悟りでの回想は聖者の超自然的回想とは無関係でいつもあるものの新たな認識だという（Satori p.152 以下）。
6）D. Suzuki; The Zen doctorine of no-mind p.70
7）D. Suzuki; Shunyata p.42

　　（2）
「施しをするときは、右の手のすることを左の手に知らせてはならない。」（マタイ 6,3）というのは仏教の陰徳（secret virtue）だが、隠れた所で見ているあなたの父は報いてくださるであろうというのは異なるという[1]。人として無であるという点で共通であることは認めているが、報いがあると功徳がないとはいえぬのである。だがこれは考え違いである。報いとはいえ報いる（apodōsei）という表現を使うのでいかにも功徳という思いが浮かぶのである。実際は神の自由裁量によって人に与えられるものである。人としては神の報いを当てにして何かすることはできないのである。葡萄園の労働者への報酬の話では働く時間が異なっても報酬は同じである。かくてたとえわずかでも報いを当てにしていれば神からの報いは与えられないのである。マタイ 6,3 では施しについていわれている。隠れているためとしている。人々に対して隠れている場合に神が報いてくださる。人々に知られると彼らが誉めて報いてくれるので、神からの報いはないのだ。これは断食の場合も同じである。自己が自己のことを意識するというのとは根本的に異なる。仏教は自己内、自己の内面を重視しているが、

キリスト信仰では神との関係、自己外のものとの関係を重視している。反対の手に知らせるというのは報いを受けることをいうのであろう。右手で施しをして左手で人々から報いを受ければ、神からの報いはないのである。イエスは人が何か善行をしたときには「『しなければならないことをしただけです』と言いなさい。」(ルカ 17,10) と教えている。かくて報いが与えられるということは報いを少しも当てにしていなかったという事実の証しを意味しているのである。神という絶対者によって証明されることである。神による証明がないと報いを当てにしていたか、いなかったかは不明のままである。禅では不明のままである。しかも報いは人にはそれとは分からない仕方で、例えば終末においてしか与えられないであろう。

　禅が神性の無底の深淵に至る唯一の道であり、そこでは神は神のままで、まだ神でないものになる出来事を始めておらず、自己同一の状態があるという[2]。こういう"神"とはどういうものであろうか。聖書での啓示の神とは無関係であろう。こういう悟りの到達点とそれへの道における神とはそもそもどういうものか。大略次のとおりである[3]。神は主体であり個人の内にあり、個人は神の内にあり神と全く一である。神は私に自らを知らせ、神は私であり、しかも全く私ではない。神と私とは二つであってしかも一である。以上である。神と人とが全く一とはどういうことか。こういう神はいずれにしろ啓示の神ではない。また、悟りとは人の自己意識への神の目覚めであり、人間的意識の根底にあり、超意識と考えうる意識への神の目覚めだという[4]。同じ個所で悟りは神の創造した天空、大地であることだという。神であることと天空であることとはキリスト信仰では全く異なっている。前者は創造者であるから。創造者が造った世界としての被造物の存在、こういう両者の存する世界、そういう世界があると同時にないということが悟りということとなろう。キリスト信仰から見れば両者共に存していないといえる。先のような見方からいうと、悟りとは神そのものでさえあるともいえるのであろう。しかし本当にそういえるのか。キリスト信仰から見れば、自己が天空、大地であると考える時には、分別の世界にないとはいえ、神の目覚めではない。一方、神の目覚めであるとすれば、天空ではありえない。ありえているがありえていないということはありえていないということであ

る。かくて神でさえあるということは無分別の世界においてしか考えられないこととなろう。また悟りは人格的性格を持ってはいないので、神でさえあるということはそういう点からも不可能であろう。もっとも禅では分別即無分別ということなのでそれでよいのであろうか。

　キリスト教の神学者が神の実在証明で用いる論理は「応物現形」の上にも当てはまるという[5]。だが例えばトマスでの一般的な神の証明には妥当しても、キリストにおいて神を見るという点についてはそうはいかないであろう。罪なき者が死刑に処せられるのである。やはりここに人の自然的知性の自律性の破棄という契機が見られる。仏教にはそういう点は欠けているであろう。仏教が情緒的というより知的たることだが、証菩提の教えはキリスト教で救済をとくのと大いに異なり、分別を超越した知的体験はキリスト教での転回には見られぬという[6]。確かに西洋化されたキリスト教ではそうであろう。しかしそれが唯一のキリスト信仰ではないのである。いわば東洋的発想を前提としたキリスト信仰もありうるであろう。またなければならないのである。情緒的であるより知的であり、二元論的ではない知性主義が禅の特色である。人格的であるとは情緒的ということでもあろう。人格的原理を欠くということがより知的ということの内容の一部となっているのであろう。しかし禅の理解する西洋化されたキリスト教が二元論的とすれば、同時にまた知的なのではなかろうか。知的ということの内容が異なっているのであろう。
善悪の観念と関わり、それから自由でありえぬのが道徳の性格である。かくて結局道徳概念を捨てる[7]ことになるのであろう。律法を捨てるのである。つまり自己を道徳的に責めるようなものの放棄へと繋がっていくのであろう。勿論このことが直ちに自由放任主義に堕するということではない。むしろ反対かもしれない。だが道徳的規範はなくなる。この点が問題であろう。各人の自由さが優先されるのである。一般的な主客対立の二元を捨てるのはよいが、人格的内容のある道徳的次元のことまで捨ててよいのかと思う。

　ここで無功用行ということについて考えてみたい。自分が善行をしてもそれを振り返って見ることさえしないということで陰徳ということであろう。右手のしていることを左手に知らせるなということでもあろう。「隠れたことを見

ておられる父が、報いてくださる。」(マタイ6,4)といわれるが、ここで仏基両教は分かれる。禅から見れば、こういう思想からの行為は跡を残すのである。自己の善行に対して、讃美の跡があってはならないのである。たとえ神からのものでも報いを思い描いてはならないのである。ところで、このような無功用行、陰徳ということはキリスト信仰においてもそのまま生きていると思う。父が報いてくださるのは結果であって、そういうことを念頭において善行をするのではない。またそれではかえって善行はできないであろう。さて、禅では悟った後で世間へ出ねばならないということはないであろう。しかしキリスト信仰では自分の十字架を負うということなので隠遁ということは不可能である。禅の考えはいわばそのまま信仰の中へ吸収されて、その上にプラスアルファということではないかと思う。自己というものは否定されているので、自分に報いをと念頭に置くということはない。キリストが自己の内で善行をしているのである。報いるのもキリストである。それを受けるのもキリストである。善行、報い共に主体はキリストである。「キリストがわたしの内に生きておられるのです。」(ガラテヤ2,20)。「無的主体」(久松)ではなくて、キリストが主体である。罪と戦っているのもキリストだ。キリストが一切である。キリストの霊が満ち満ちているのである。キリストの一人舞台である。私の内になお残っている罪と戦っているのももとよりキリストである。無的主体ということはむしろキリスト信仰の場合にこそいいうるのではないのか。キリストが入ってきて初めて無となりうるからである。人としてみれば無的主体である。禅の場合はむしろ無的主体でありえていないのではあるまいか。キリスト信仰では来るべき世にすでにキリスト者の生命は移っている。かくてこの世に生命はない。そういう状況ではこの世の生命、死、新しい世での生命はまさに一連のものとしてしっかり繋がっている。寸分の切れ目もありはしない。禅でのように生は生、死は死で不連続というのとは全く逆である。生は死へと繋がり、生も死も存しているのである。神による救済史の中へ生まれたのであるから。新たに入ってくる積極的なものが欠けていると、必然的に否定的なものを避けようとする気持ちが強くなりはしないのか。「キリストのゆえに、わたしはすべてを失いましたが、それらを塵あくたと見なしています。」(フィリピ3,8)というような価値逆転

的発想が生まれうるのであろうか。全く生まれないというのではないが、その分弱くなりはしないのか。

　こういう相違は次のような相違にも呼応している。「キリストが復活しなかったのなら、わたしたちの宣教は無駄であるし、あなたがたの信仰も無駄です。」(第一コリント 15,14) というパウロの言葉を引いて、物事が年代記的な歴史の事実として存在したか否かではなく、我々の最も内的な霊感の成就が大切という[8]。換骨奪胎が行われている。キリスト信仰では啓示としての事実が大切なのである。人の内面的なことが第一ではない。歴史的事実は重要度において二次的であり、またキリストのメシア意識は疑問という[9]。事実を二次的とするのは根本的に考え違いをしている。普遍的ということが直ちに内面的ということではないであろう。メシア意識を持っていてもいなくてもキリストがメシアであることは変わらない。歴史的事実の有無という問題の中へメシア意識の問題は一括しえないであろう。だがメシア意識はともかく十字架の事実は不可欠のことである。歴史的に確実と考えられていることに依存すべきでないと思う点に現実の世界をいわば軽視する仏教の考えが垣間見えるのである。仏教は結局内面重視なのである。それが普遍的ということでもあるのである。キリスト教の教義の若干を解しうるとしても、それは禅的内容と一致しうる事柄をさしているといえよう。果ては、キリスト教神学の哲学的理屈はイエスについて純粋には何もいっていないことは極めてありそうなことだとまでいう[10]。これは当たっていると共にはずれている。当たっているとは西洋の神学は聖書それ自体ではないということである。西洋人の論理的思考によって潤色されているからである。だがその全てが的外れでないことは勿論である。

　仏教的には時空的に特定の出来事を聖とすることは普遍的妥当性を損なうのであろう。聖書に示された真理を規準とするのは普遍性を損なうのである。普遍性をどう考えるかであろう。仏教はどこまでも人自身の側に立った発想に終始している。神は神ではないところの何かに目覚めねばならぬ、そのとき神は神であるという[11]。こういう神は張子の虎のようなものであろう。
禅の立場では禅者の生活はいわば全体が奇跡であり、煩悩ある衆生が悟りを開くことはまさに奇跡そのものであり、例えばキリストがそうしたように特定の

時所位で行われる奇跡を指すのではないのである。しかしキリストの行った奇跡、例えば魚とパンの奇跡などは信仰にとってはさほど重要ではない。パウロが「肉に従ってキリストを知っていたとしても、今はもうそのように知ろうとはしません。」(第二コリント 5,16) といっていることでも分かる。キリストの復活こそ不可欠な奇跡である。それをここでは取り上げていない。思うに禅から見ればどの奇跡も価値に差はないのであろう。それは正しくない。脱価値的な側面がここにも反映しているのであろう。

例えば魂とエゴイズムとは不可分であり、主体が存すれば必ずまたその特質が存在するというような考えから見るので、内に生きるキリストというのも魂の一種なのでこれをも否定することになるのであろう。しかし人格というものは常に特性があり、かつ身体的である。終末でも霊の体があるとされている。特性、主体、身体というようなものを悪い面からしか見ていないように思われる。

禅的にはアダム(時間と空間)に死にキリスト(絶対的現在)に生きるとは業に縛られず自由で自己の主人であることであり、アダムに死にキリストに生きることについて、妙好人の"阿弥陀様よ、自分の煩悩を皆とって下さるな、あなたのありがたさが分かりませぬ"という言葉と平行させて考えている[12]。キリスト信仰では自己の主人ではなく、キリストの奴隷となる。アダムやキリストを括弧に書いてあるように普遍化はできないであろう。象徴的に解するので可能となるのであろう。アダム、キリストということを時空とか絶対の現在とかのように現実の歴史の中での存在と切り離して考えてよいのか。聖書ではそうではない。少なくともキリストについては現実の人であるということが先である。

神というものを阿弥陀様と同様に人を助けるものとして観念しているのであろう。だが神にはそうではない一面があるのである。そういう面には目が向けられていないのであろう。仏教が安らぎを見いだすという性格のものなので、キリスト教をもそういう観点から見るのである。神に向かうとき懐疑は消え魂は究極的安らぎを発見すると考えるのであろう。だがこれは事柄の半面しか見ないこととなろう。むしろ一度入った安住所から世へと出て行くときにキリス

トを信じることとなるのである。安住所に留まるのであればキリストは不要であろう。

【注】
1）　D. Suzuki; Essays in Zen Buddhism p.345 先の聖句に関連して、悟りに達していれば精神の行うことは何でも純粋で非利己的だ、欲情克服の努力を意識する限り不自然の汚れがあるという（同 p.78）。人が人である限りこのようなことをいいうるであろうか。キリストの十字架と矛盾するであろう。意識しようとすまいと行っていることが同じであれば価値に何ら差異はない。かくてそういうことはいえない。やはり自己の意識の在り方を重視していることが分かる。内面重視の傾向がうかがわれる。むしろ反対に大いに意識しないと人は"純粋"というところに留まることになるのではないのか。
2）　D. Suzuki; Leben aus Zen p.59 また、神は論理的仕事を通じて導入されるもので直接の経験ではなく、飛躍であり内側から直感的に認識されるという（同 p.55）。これは禅的な目で見るのでこうなのであろう。直接的に神を見るわけにいかないのは事実だが、啓示ということで考えると、論理的ということがすでに疑問である。啓示は人の側でのあらゆる論理を破砕して現れるからである。さらに、啓示は内面的にと同時に外的に現れているのである。
3）　ibid, p.141
4）　ibid, p.102 以下
5）　鈴木大拙『禅の思想』p.114
6）　鈴木大拙『禅問答と悟り』p.64
7）　道徳と対比しての禅の自由さはしばしばいわれる。だが人格にとって道徳は不可欠である。人は完全ではないので今の自己以上であろうとすることは不可欠のことだ。道徳を度外視した自由が自由といえるのか。こういう自由さは、詩編やヨブ記での感情は禅と隔たっているという言葉（『禅の見方　禅の修行』p.67）にも出ている。またローマ 7,19 を引用して道徳的、合理的視点から見る限りこういう矛盾は不可避という（Leben aus Zen p.127）。
8）　D. Suzuki; Essays in Zen Buddhism p.45
9）　ibid, p.46
10）　D. Suzuki; Satori p.48
11）　D. Suzuki; Leben aus Zen p.12
12）　鈴木大拙『禅による生活』p.55『東洋的な見方』p.77 禅者は時とその制約へ適応させられつつも絶対の現在を把握し時空間たるアダムに死に、絶対の現在たるキリストに生きるという（Leben aus Zen p.70）。イエスについては、師の死後何世紀か経つと神格

化が進み最高の存在の直接の現れとなり、彼は神の子、仏陀、世の救い主となったという考え（Satori p.46）が参考になる。これは仏教のことだけではなく、宗教一般をいっているようである。神の子とはキリスト教を連想させる。こういう考えを見ていて思うことは、あくまで人の側から師が神格化されていく過程として見ているということである。当然といえば当然だが、啓示という発想は全く欠けている。キリスト教をも仏教をも一様に見ているのであろう。神の子と仏陀とを並べて扱っていることでも分かる。こういう見方をしている限り聖書本来のキリスト信仰は理解できないであろう。

（3）

キリスト教を次のように象徴的に解釈している[1]。創造物語、エデンの園での堕罪、罪の贖いのためのキリストの受肉、十字架と復活は全て象徴的だ。創造とは意識の覚醒、堕罪は本来の道から迷い出ている意識、受肉はその子孫であるという意識を通して自己自身を見るという意志の欲望、十字架は行と知との二元論の超越、復活は知性に対する意志の勝利を各々意味する。仏教では見ることと行うこととは統合されている。これが悟りである。歴史的象徴主義から自由である。時の範疇を超えて意志の一つの行いにおいて救いを達成しようとしている。以上である。仏教から見るとこのように、歴史的出来事が象徴とされているのである。時の範疇に属すものは全て象徴となっている。キリスト信仰から見れば読み込みになってしまっている。時から解放されて、いわば脱キリスト教化されている。現実的出来事であって初めてこの世界が重みを持ってくる。この世界の重みの欠如ということと時の範疇を超えることとが呼応している。現実的な歴史上の出来事が全て人間の内面上の事柄へと還元され、矮小化されている。キリスト信仰ではこれらの出来事の主体は全て神自身である。人間ではないのである。かくてまさに換骨奪胎といえよう。仏教では内面的次元が大切なことはよく理解されるのである。キリスト信仰にとっては内面的次元と外的事柄とがいわば二即一である。禅の世界は有無一体、つまり人の意識としては無ということであろう。ただ、キリストの復活を例えば西田のように理性と衝突するという理由で否定する点からしても、有無一体の無は無ではないのである。自己に関わる関係としての自己が無ということであって、最初の方の自己は決して無ではないのである。有のままなのである。この有のままの

有をこそキリスト信仰は問題としているのである。キリストの啓示はそこのところを衝いているのである。人にとっては他者とは他の人間のことである。だがこれだけであれば相対的他者であるに過ぎない。そこでその他者なる人が絶対的となって初めて絶対他者といえる。イエス・キリストとはまさにそういう存在である。人であるという性格の抜けた絶対者というのは人の内面という性格を持っており、例えば理性は絶対的というように、確かに絶対的ということもいいうるであろうが、それは他者とはいえない。自者的であるのである。人にとって他の人の意志を自由にはなしえないからこそ他者といいうるのである。人として現れている他者を絶対者として信じるところに自我を離れるという契機が現れている。

　仏教の立場は西洋的観念論を超えた、その限りで観念論ではないが、最も徹底した観念論といえるのではないのか。神の造ったこの現実の世界への出口が全くなくなってしまっているのであるから。西洋的観念論ならそれと対峙する物質界というものが存しているのであるから、まだしも出口を残しているといえる。有無の両世界を出入り自由というが、真に有の世界へ出たことにはなってはいないのである。一切の観念が脱落しているぐらい徹底した観念論はほかにない。現実を現実として把握するには何らかの観念なしには不可能である。しかるにそういうものは全て脱落するのであるから。無からの創造の際、神が自覚していたものを人が自己の霊の上に認得するのが自由だとして、この点を禅的に表現すると、性浄本然云何忽生山河大地であるという[2]。本来清浄なものがたちまちにこの土の世界を生んだというのである。こういう立場は、確かに西洋流の観念論、リアリズムという対立する二つの考え方のどちらでもないとはいえよう。人の論理を持ち込むとどちらかに陥るからであろう。禅では言葉は現実を捕らえていないというが、聖書では言葉がそれと合う現実を造るのである。かくてここには不一致という問題は基本的には存在しない。言葉が先であるからである。創世記で神が"光あれ"といったら光があった（創世記1,3）と書かれているように。

物は自己によっても、外の行為者によっても創造されたのではないという[3]。キリスト信仰での考えとは全く異なっている。こういう事情の反映だと思うが、

手にショベルをもっているが手は空だという禅者の言葉とキリストの復活が共に非論理的で人の経験に反するという[4]。非論理的といってもその内容が異なるであろう。禅の場合、客観的に見れば手にショベルを持っていることは全く確かなことである。キリストの復活は客観的に見ること自体ができない。そこで各人の判断によってその対応に違いが生じてくる。ということは逆に考えて客観的事実がどうであるかが問題になることを示している。一方、禅では客観的にどうかということは問題外であることを示している。もっているのに空だといったりするのであるから。これは結局この現実の可視的世界が神の被造物としてその重みを持っているか否かの選択である。

この点は人の内面重視を表すが、盲目的認識がアダムをエデンの園から追放したが、父へ彼を連れ戻したのは意志であり、盲目を追放し悟りをもたらしたという見解[5]にも現れる。だがアダムを追放したのは神であって人の認識ではない。またアブラハム以前に我ありし（ヨハネ8,58）というキリストの持つ真理は霊性的自覚であり、ここに自由があるという[6]。確かにそういう要素はあるであろう。だが神としてのイエスという点から考えると、単にそうはいえないであろう。より神に直結している、というより神そのものであるから。

さて、空を体得してはからいのない世界、無碍の世界、絶対の受動性に達すると安心の道が開かれるが、この点ではキリスト教も同じ心理状態を体験すると見てはどうかという[7]。悟りというものが人が安心する道と考えられている。だがキリスト信仰では主を信じることは人が人として安心するためではなくて、むしろそこを通り過ぎてキリストに従って十字架を負うためである。こういうポジティブな側面との関連でキリストを信じるのである。人の安心という面からキリスト信仰を見ること自体間違いであろう。むしろあえていえばそういう人の安心を破るところにキリスト信仰の意義があるのである。

個人的体験に依存するのは同じだが、キリスト教は情緒的、仏教は知的と考えては不十分であろう。ものの半面しか見ないこととなろう。ローマ7章などを見ると、情緒的ではなくて、実存的だ。自己の内で相争う二つの力が表白されている。実存的とは情緒的と共に知的であらざるをえないであろう。

キリスト教を批判して次のようにいう[8]。キリスト教徒は論理と分析によって

知識の量を増やしているが絶えず無明に突入している。神と神の光を命令的に課されたものと考え、救済事業を始める。彼らの知識は自分の枷をふるい落とせず論理と分別の犠牲となる。以上である。神の命令に従わねばならないという極めて窮屈なものとして信仰を受け取っているようである。確かに西洋化されたキリスト教にはこういう一面があるであろう。自我崩壊という契機が入ってくると単にそうではないであろう。枷はいわば一度ふるい落とされて、キリストを仰ぐ者としてあえて再び脱ぐべきでないものとして着ているのである。こういう点にも仏基両教での自我の否定の内容の相違という問題が出ているといえよう。

　神秘主義では神以外のものは除外されるが、卓越した神秘主義者でさえ知性による染汚を伴なっていると考える。確かにそうであろう。西洋的神秘主義は知性といわば平行しているからであろう。ただ脱知性とは脱価値ということでもある。禅は神からさえもの自由、真の解放を志向する。創造的働きへの内的洞察が問題で、創造者の側での働きには頓着しない。神からさえ自由と考える点に脱価値、脱意味的であることが分かる。脱価値とはまた脱自我—実体ということでもある。神秘主義との関連を考えてみよう。慧能や他の禅師が無意識について語る時、彼らの勧めは全宗教の最後のゴールたる絶対的受動性の状態をさしているという[9] R. オットー"東西の神秘主義"に関連して、次のように禅が神秘主義ではないという[10]。対立者の自己同一性を強調するのが神秘主義だが、禅経験の同一性はそれと異なる。神秘主義では二が一になるといってもその二がいつも残っている。禅では一といっても一もなく、二といっても二もないという。以上である。この点はよく理解できる。元来論理的でないので、最初から二もなく一もないのである。キリスト教神秘主義者 Bernard von Clairvaux が自我の否定についてイザヤ 10,15 を引いて、神は全てにおいて全てであり、自我—実体はないといっていることに関して仏教者はこのテーマの展開においてより直接的、徹底的、一貫的だという[11]。確かに相対的存在としては空である。しかしそれに留まらず、斧は斧として働いてものを切っているように、神から託された役目を果たすインストルメントになっている。これら二つの面は不可分に結合している。後者なしに前者はない。前者なしに後者も

ない。かくて役目が入ってきているので無になっているともいえる。決して無が先に実現しているのではない。イザヤ 10,15 の文自体の中に"空"にあたる語は見当たらない点が重要である。かくてたとえ相対的存在として空になっていなくても、神に役立つ斧としての役目を果たしていればそれでよいのである。現実にそういうことは起こりうると思う。どんな悪人でも善行をすることもあるように。さらに、神秘主義者は善悪を超えるが、そういう知性主義の超越は必ずしも道徳的アナーキズムを意味しないとして、神秘主義に共感的姿勢を見せている[12]。そうでもあろう。だが善悪の問題を人の生死を招くほど大切なこととして考えなくなることもまた事実ではないかと思う。罪から死がきたというほどに。

　キリスト信仰は現世利益、不利益に対し中立的、無記的というのではない。ある場合には明らかに後者なのであろう。そうであって初めて世の光というものになれるときもあるであろう。もっとも世の光といってもアッシジのフランシスのような場合もあろう。しかし人に知られないところで十字架は負われている。人に分かるので報いを受けてしまっているというような場合は世の光ではないこととなろう。かくて世の光にも、そのときすぐに光って人々を照らすものもあれば、そうではなくて遠い所を人に知られず照らしている光もあるのであろう。光と一口にいっても、太陽の光もあれば月の光もあろう。光にも種々存しているのである。決して一種類ではないのである。多様なのである。罪が多様であるように。そうあってこそ罪の支配する世界の隅々までをも光を当てることができるのだ。一様な光のみでは多様な罪を照らすことはできないのだ。各々賜ったタラントンは異なるという事態もこのことに呼応している。

【注】

1）D. Suzuki; Essays in Zen Buddhism p.154 以下
2）鈴木大拙全集 第 9 巻 昭 43 p.62　D.Suzuki; Essays in Zen Buddhism p.287 以下
3）D. Suzuki; Essays in Zen Buddhism p.91 神が無から有を創ったというのがキリスト教の考えだろうが、仏教は有無間の不断の交流を認めており、ここに真の自由があるという（全集第 9 巻 p.63）。有というときに、可視的世界が見据えられていないことを示している。もしそう見られているのなら、無から有とはいえても有から無とはいえない

であろう。有と無とは決して対等ではないのである。
4) D. Suzuki; Leben aus Zen p.27
5) D. Suzuki; Satori p.152
6) 鈴木大拙全集 第9巻 p.64 以下
7) 鈴木大拙『禅問答と悟り』p.129 以下
8) 鈴木大拙『禅による生活』p.66
9) D. Suzuki; The Zen doctorine of no-mind p.70
10) 鈴木大拙『禅問答と悟り』p.146 以下
11) D. Suzuki; Shunyata p.54 キリスト信仰では神が神であることと人が真に人格的に人であることとが一なのである。
12) D. Suzuki; The Zen doctorine of no-mind p.113

第2章

P. ティリッヒ『組織神学』における
キリスト教的宗教哲学

第1節　キリスト教理解の方法

（1）

　イエス・キリストの啓示に神と人との関わり合いの唯一の可能性と根拠とを認めるキリスト信仰から見て、人が非人格的な何かに究極的関心を持ちえないのは当然であろう。こういう点から考えても、啓示は具体的でなくてはならない。人は有限なるもの、つまり具体的なるものしか知りえないからである。人格的に究極的でしかも具体的なる者としてはイエス・キリスト以外に存しえないのである。究極的に関わってくるものの例としてスピノザの宇宙実体、シュライエルマッヘルの宇宙全体、ヘーゲルの絶対精神などが挙げられている[1]。しかしこれらとキリストの啓示とを同列には扱えないであろう。なぜならこれらは具体的とはいえないからである。抽象的である。抽象的なものであればあるほど観念的なものとなるであろう。

　彼のように哲学的問いと神学的答えという関係において両者の関係を考えるのは、根本的に神から人への啓示という軌道からはずれていると思われるのである。人と神とは一対一で対応するような存在同士ではありえない。例えば問う人間をいつまでも待たすこともできるのである。こういう事情は例えばロー

マ帝国に対して税金を納めてもよいかとユダヤ教の教師たちがイエスに尋ねた時のイエスの答えにも現れている。イエスの答えは問いへの答えには全くなってはいないのである（マルコ 12,17）。全くちぐはぐな対応に終始している。かくて問いに対する答えではなくて、問いがそこから出てきている根源に対しての答えとして啓示は存しているといえる。したがって答えはもはや問いへの答えとして存しているのではないことを意味しているのである。啓示というものは人間から見ると答えではなくて、むしろ問いではないであろうか。前代未聞、未見のものが啓示の内容であるからである。自然的人間が先天的に内面において所有している答えに対して問いとして迫ってきているといえよう。このように考えてみると、問いと答えとの関係を逆転させている所に人間の理、知性を優先させているという事態がうかがわれるように思われるのである。哲学的問いに対して神が神学的答えを与えるというのであれば、それはまさに人間中心的発想というほかはないであろう。外の世界へ現された啓示に人が向かう時には、人は自分の中から、自分の世界から、自己自身から外へと出ていくのである。

　神学的、形而上学的世界を構築してその中で啓示として受け取る時には、啓示は人の概念の中へ移されている。人が自己から出ていくのではなくて、逆に自己の世界の中へと啓示を取り込んでいるのである。そこで人を人自身の世界から啓示の所へと引きずり出していくような力を啓示はすでに失っているのである。そのような衝撃的な力をもはや持ってはいないのである。「鋤に手をかけてから後ろを顧みる者は、神の国にふさわしくない」（ルカ 9,62）とイエスはいうが、形而上学的世界を構築する者はまさにこういう顧みる者に当たるのではないかと思う。例えば神に直結した真実が啓示により顕わにされるというように一般化されると、概念化され、概念的構成の中へ取り入れられ、啓示は無力化されてしまう。二次的に人によって創造されたものが一次的なものに取って代わるのである。真実にはイエス・キリストの啓示から初めて心に書かれた律法がそういうものとして生き返ってくる。前者なしには後者もなしである。パウロでは自我崩壊によって両者がいわば同時に成立しているのである。しかるに自我が残存していると、それ自体としての自我を優先することとなるのである。対象の側である啓示か、あるいはそれを受容する主体の側である自

己のどちらかの重視という偏向に陥ることが不可避なのである。

　問いと答えというが、キリストに出会ったときには人はもはや問いというものを持つこともなくなっているといえる。無ともいいうる出会いの場においてキリストと自己とが出会っている。両者の出会いにおいてほかの一切が消えてしまうのである。主との出会いにおいては、その時点においてすでに全ての問いは直ちに消滅しているといえる。さもなければ出会っているとはいえないであろう。その結果として自ずから無という場がそこに現れているのである。無の中でキリストとただ二人で出会っているのである。だからこそパウロは「肉に従ってキリストを知っていたとしても、今はもうそのように知ろうとはしません。」(第二コリント5,16)といいうるのである。なぜなら「肉に従って」とは、当事者以外の者の介在を意味するからである。確かに顔と顔とを合わせて見る(第一コリント13,12)とはいえないが、おぼろげに見ているだけにその分余計にリアルともいえる。今すでに全てを見て知っているのであれば、かえってそれで終わってしまっているであろう。一方、そういう事態が"まだ"実現していないという点において、希望、期待が入ってくるためにその分余計に迫ってくるものがあるといえる。全てを知ればそれで終わりなので、それ以上には何も迫ってくるものはないのであるから。知らないという事態、知りたいという期待が迫ってくるものをますます迫ってくるものにしているといえよう。

　啓示は問いと答えとを同時に創造するのである。世界は神の被造物となる。さらに、終末とは神の栄光を現した世界が実現することである。考えの原点が啓示なのである。啓示が啓示になることによって、自己は神の被造物になる。人間による思考をさしはさんだ場合には、被造物に"なっている"のではなくて、被造物と"考えている"のである。全ての事柄が人の概念的世界の中での事柄になっているだけのことにすぎないのである。ティリッヒの場合、実存の問いと啓示の答えという大枠で考えられているのであろうが、その大枠自体が人の知性によって形成されたものではないかと思う。そこでそういうことの全体が知性という場の上で、中で演じられているという構図がまず第一に存しているのである。知性という場に写し取られることによって、キリストにしてもリアルなものではなくなっているのではなかろうか。細胞にたとえれば知性が

いわば細胞膜のような役目を果たしているのである。自己の存在を守っているのである。かくてそういう細胞膜が破砕されねばならないのである。

　問い自体が自己から生じている問いという性格を脱していないと、問いを問いとして捕らえるということに終始するであろう。自己の方が捕らえられるという事態には立ち至らないであろう。主客の逆転という状況は生じないであろう。真実には自分の方が捕らえられるのではなかろうか。捕らえるというところ、能動的なところに人間中心、人間優位という契機が見受けられるのである。このような側面は、人の霊の神の霊への本質的関係は相関ではなくて相互内在であるという考え[2]にも現れている。人間の側のリアリティへの断念が不徹底なのではないかと思われる。彼は米国へ亡命している。もし仮にナチス支配のドイツに留まっていれば考え方も異なっていたかもしれないであろう。

【注】
1） Spinpza（Systematic Theology Vol 1 1971 p.9,42,58 Vol 2 1971 p.6,12 など）. Schleiermacher（Vol 1 p. 9,15,32 Vol 2 p. 7,150 Vol 3 p.3,158,285 など）Hegel（Vol 1 p.9,56,233 Vol 2 p.23,45,72 Vol 3 p.19,255,373 など）。ところで、神と人との我─汝関係では汝は我を、そして全関係を包含するという（同 Vol Ⅰ p.271）。しかしながらどこまでも二元的である。二即一にはなってはいない。ガラテヤ 2,20 の内容とは異なっているであろう。人間存在における実存的な諸問題から生じる問いに対しての答えとしての新しい存在としてキリストを理解するにしても、結局は超越的次元の事柄が人間的次元へと引き下ろされてくる結果になることであろう。有限となった存在が無限の真実を顕わにするという意味で逆説的ではあるが、イエス・キリストの啓示は根源的にいってそういうことであろうか。こういう解釈をすると、啓示の意味の一部を全体化することとなるであろう。ある一定の解釈を与えてしまってはならないのである。神が人には知りえないように啓示の意味の全体もやはり今は隠されているのである。啓示の意味をある一つのことに局限することは人の立場からなされていることである。人優先である。これは啓示への正しい対応とは思われないのである。"肉に従ってキリストを知るまい"とはこういうこととも呼応しているであろう。
2） P. Tillich; Systematic Theology（以下 S. T. と略記）Vol 3 1964 p.114

(2)

　宗教的象徴は自己超越的意味において自己自身を肯定するのであり、文字通りに、つまり直解的にとってしまうとその意味を正しく理解できないという[1]。確かにあまりにも何もかも直解してしまっては問題があるであろう。だが反対に象徴化しすぎても問題が生じるであろう。例えば神という言葉について考えてみよう。聖書において啓示された神は固有の名前をもった人格的存在である。そういう存在を象徴化することはできないのではなかろうか。そういう神は人による象徴化を拒むという契機を持ち合わせているのではなかろうか。神と人との間に象徴化という契機を入れて解釈するということは人の自我の働きを意味するであろう。啓示の言葉にあまりにもついて回る（直解）のも、反対に象徴化しすぎるのも共に同じ根源から由来しているといえよう。啓示を受け取る人の側において自我が否定されていないから、そういう結果になるのではないかと思う。キリストの出来事に基づく人格的リアリティと象徴というものとは相容れないのではなかろうか。思想体系がいわば優先され啓示が象徴とされたときには、結果として彼自身の意図に反して啓示はそれ本来の力を失っているのである。

　イエス・キリストが基本的にいって象徴であるというのであれば、イエスのような存在はほかにもある、あるいは少なくともありうることになる。このことは聖書における啓示についての一回的ということと矛盾する。象徴される内容と具体的象徴とが一回的に一体であればそういう象徴はもはや象徴を超えているのである。つまり象徴ではなくて、象徴のもつ制約、それ本来の意味を突破したものになっているのである。このように考えない限り、イエスも釈迦も横並び一線、あるいは少なくともそれに近い考えとなってしまうであろう。イエスへの信仰は一回的現実的出来事と信じる場合のみが正しいといえよう。キリストを信じて初めて神はイサクの神、ヤコブの神になる。それまでは神は生ける神にはなってはいないのである。単に理念的な神にしかすぎない。信仰者の神ではない。いわば哲学者の神である。象徴と出会うなどということはありえないことなのである。もしキリストが象徴という意味を持っているのであれば、キリストの背後に存している理念のようなものがより根源的なものという

ことになる。そして象徴はそういうものを現す媒介的存在へと格下げされてしまう。イエス・キリストという存在はそういうものではなくて、それ自体が現実的で固有な存在である。何らかの理念の媒介物ではない。そういう具体的、現実的存在と理念とを切り離すことはできないのである。前者が後者をいわば生み出しているのである。前者さえあれば後者はなくてもよいものであろう。

　何かが何かの象徴であるということはそれら両者が共に何らかの意味で人にとって知りうるものであることが前提となっての話である。人は神を知りえないばかりでなく、知ることを許されていないのである。旧約を見ても、主がシナイ山に降られる時は人は山に触れてはならないのである（出エジプト19,12）。このような事実を考え合わせていると、なおさら象徴という考えは成り立たないように思われるのである。

　このように考えてみると、イエスを象徴化するということは自我の働きによるといえよう。このことは原初的啓示と並んで依存的啓示が認められていることとも呼応している。信仰が直にイエス・キリストに結合していないのである。つまり自我が介在しているのである。こういう点で非直解化ということを主張してはいても、そういう仕方での自我による構成を否定してはいても、自ずから新たなる自我による構成へと陥っている、自我のある特定の在り方は否定されていても、異なる自我の在り方を新たに打ち立てているのである。自我のある特定の在り方が問題なのではなくて、自我そのものの否定が問題なのである。キリストという対象（客体）と自我という受け入れ主体との関係が生きている限り、人は結局自己で自己を負っている状況は変わってはいない。自己という重荷をいつまでも負っているのである。主客という構図が存している限り基本的にいって、キリストの霊が人の内に生きるということも生じえないであろう。そうなるには非自我化、脱自我化が不可欠であろう。非直解化が新たな自我化へと陥ってはどうしようもないのである。

　堕罪前のアダムという象徴は夢みる無垢と解されねばならぬという[2]。イエス・キリストへの信仰によって心が世から離れたのなら、アダムの話にしても単に象徴というのではなくて、罪がなければ死なない、またそういう状況が地上でありえたであろうというようにキリストを信じるということにならざるを

えないのである。地上での出来事としてのそちらの方にこそより大きなリアリティを感じなくてはならないのである。いわば象徴とリアリティとの関係が逆転しなくてはならないのである。そのときまでは象徴であったものがリアリティにならなくてはならないであろう。この逆転という事態は自我崩壊という事態と呼応していることは当然のことである。

象徴とされることによって全てが人の自我の働きの一部である知性の中で構成された次元の存在となる。人の判断や考えを超えた事柄として人の生の根拠になるようなものはどこにもないこととなる。人がそのように受け取ることによって初めて存しているに過ぎないものへとおとしめられることとなろう。人から独立したものは何もないこととなってしまうであろう。そういう状況にあっては結局は人は救われないであろう。人の救いには明確に人間的世界の外から到来するもの(啓示)が不可欠であろう。モノローグでは救われない。神は存在自体ということは象徴的ではないとしても、人は原則として神自体については知りえない。そこでこれも人間的自我による一つの概念であることは変わらない。啓示はこれをこそ突破するのである。象徴に変わって概念が登場しても、自我による働きという点では共通である。

ところで、出来事、そして象徴たる主の復活の確かさを創り出すのは歴史的確信でも、聖書の権威の受容でもなく、実存的疎外たる死に対しての自己の勝利の確かさであるという[3]。死というものと実存的疎外というものとを同一的に考えてよいのであろうか。死とは文字どおりの現実的な死を意味してはいないのか。また自己の勝利というものと歴史的確信とを分けてしまえるのか。分けられないであろうと思う。そしてこれら二つの事柄は結びついていると思う。即ち死を現実的に受け取ることと歴史的確信ということとは一体なのである。歴史的確信なしには自己の勝利というものもないであろう。

アダムもキリストも象徴ということになると、双方は同じ地平に並び立つことになってしまう。しかし真実はキリストがリアリティであって、それとの関連でアダムは受け取られているものにしかすぎない。それ独自のリアリティがあってのことではない。そこでアダムは内容的には反対の意味でキリストの象徴であるとはいえるであろう。このように考えると、平板にではなくて厚みと

いうか、深さというかともかくそういう契機のある理解が可能となるであろう。何かが何かの象徴ということはどこまでも人の考えることである。これは聖書への人間的立場からの読み込みではないのか。そのように考えることと、イエス自身がいっているとおりにイエスを見た者は父を見たのだと信じることとでは大変な相違である。なぜなら前者では人の側からの自我による判断が入っているからである。後者ではそういう契機は介在してはいない。イエス・キリストはイエス・キリストとして固有な存在である。神自体については人は知りえないという事態が啓示の大前提である。「わたしを見た者は、父を見たのだ。」(ヨハネ 14,9) ということが、人としては神を知ることについての究極的在り方である。これ以上には進めない。進むことは即ち後退することである。人の論理による世界の構築はバベルの塔を築くことであろう。イエスは先のようにいっているのであって、"わたしは父の象徴である"とはいってはいない。イエスから無制約的なものという、イエスとは別個の何かへ向かうのではない。そういうことは人に対して求められてはいない。イエスのそういう言葉を直接信じることが求められているのである。人としては終末が来ない限り、そこが行き止まりである。人がそこから何かを構築するのではない。啓示の一回性ということと象徴という事態とは矛盾するであろう。象徴ということは少なくとも可能性としては複数回という契機を含意するであろう。もっとも信仰義認ということがあるので、そういう内容からは現実にはイエス以外にはないとはいえる。しかし可能性として複数の可能性ということは神の恵みに反した人の行いであろう。啓示をそのまま受容しているのではないことを顕わにしている。そういう信仰では義認されない可能性が生じるであろう。そういう可能性を人が産み出しているのである。これら二つの可能性は呼応しているのである。たとえイエス・キリストという存在があって初めて、人の新しい実存可能性が開示されるとしても、このこともまた事実であろう。イエス・キリストの出来事を象徴として解したのでは、神がそこでイニシアティブを持つ世界へと人が生まれるという事態は生じえないであろう。象徴と解したのでは神がそこにおいて行為していることにはなりえないからである。

　さて、キリスト教はそれ自身終局的であることなしに終局的な啓示への証言

をしているという[4]。この点については確かにそうであるといえよう。ただそれ自体が終局的といってもよいような契機もキリスト教には含まれているのではないかとも感じるのである。終局的なのかと他から訊かれればそうではないと答え、非終局的なのかと訊かれれば終局的であると答える。こういう逆説的なところが不可欠ではないかと思われる。世俗的次元を超えるということはそういうことではないかと思われる。キリストにおいて神の受肉を信じるということはそれ自体が終局的という契機を含むであろう。否、含まねばならないであろう。ティリッヒではキリストの出来事を象徴と解するのでそれ自体が終局的ではないと考えるのであろう。

もっとも、言としてのイエスは彼の語った全ての言葉よりもより以上である、また「人は"存在は語ることに先行する"という原則に固執しなくてはならない。」ともいう[5]。このような考えを採用しているのであれば、キリストを象徴と考えたりはできなくはないのか。存在そのものが尊いのであるから。特に後半でのようにいわれていることを考え合わせると、なおさらそのように感じるのである。

　三一論に関わることだが、イエスにおいて神の受肉を信じる時、なおかつ本性とか実体とかを問題にするのが正しい対応の仕方であろうか。そのような人間的概念は全て吹っ飛んでしまっていなければならない。さもないと啓示は啓示にはなってはいないといえよう。人の論理が粉砕されてこそ啓示である。西洋的な啓示理解ではまだ人の理、知性による理論的追求というものは捨てられていないようである。それでは不十分であろう。このことは自我が残されたままで信仰を理解しようとしていることと内的に関連している。合一神秘主義のような神秘主義とも関連しているであろう。

　イエスは神の子である、三一の子としての存在だということを先に知っていると、イエスといういわばありのままの存在に神の受肉した存在として出会うことにとって妨げになってしまうのである。ましてイエスを神の化身として出会う時には人としての自己はもとより、全天全地が崩壊して消えているのである。生きて語りかけているイエスと自己とがそこには存しているのみである。イエスと自己とを霊が包んでいるのである。そういう状況になった後でなおか

つティリッヒのような宗教哲学を構築するであろうか。もしそうはならないとすれば、そうなっているというところから考えて、彼の信じ方（イエスとの出会い方）自体に問題があるとしか思われないのである。イエスをキリストとして信じる時には、それが真実ではないのではないのかという不安の克服という契機が存している。こういう不安を除くことはできないし、またそうすべきでもない。イエスが神の子であるという確証はないのである。たとえそうであってもこれしか道はないのである。そういうリスクを克服して信じるのである。だからこそここには自我崩壊という契機が不可欠であるのである。そうとすれば、理、知性的判断をも捨てている、超えているところがあるといえる。もっともそういう心境に至るまでに理、知性的立場で種々の反省を加えているので、迷信的信仰へ陥ってはいないのである。人が理、知性を発動してティリッヒのように哲学的に考えようとすることは先のような、確証がないにもかかわらずイエスに一切を賭けようとする信仰の危うさを合理的に解消することを結果するのではないかと思う。必ずしもそういう意図でやっているわけではないであろうが。このことはまた「わたしにつまずかない人は幸いである。」（マタイ11,6）というイエスの言葉を撥無することとなる。なぜならつまずきの可能性をその分少なくすることを意味しているからである。このようにつまずきの可能性を減らすことは神の意志に反することとなろう。イエスの先の言葉も示すようにつまずきの可能性はどこまでも存していなければならないからである。そういう可能性のあることは神と人との間に断絶のあることの反映であるといえよう。

　啓示の象徴的性格を強調すると、それこそ啓示の逆説性、つまずきの可能性を失うであろう。ただ逆説性ということも人間の論理に属すことではなかろうか。地上のイエスがキリストであると信じることは逆説性をも破った事態であろう。逆説的であることと逆説をも破っていることとが同時に生起しているように感じられるのである。またイエスを一回的啓示と信じることは決してその出来事を客観的に絶対化することを意味しない。信じない人にとってはその出来事は何の意味もない出来事に過ぎないからである。万人にとって直ちに意味があってこそ客観的といいうるであろう。

終末論的象徴に関して超自然的直解主義を捨てればイエス・キリストの歴史への関係を異なった仕方で理解せねばならない、また直解主義によって天から下って人となった超越的存在を想像すると、象徴はばかげた物語となりキリストは半神、神と人との間の特殊な存在となるという[6]。確かに直解は正しくはないと思うが、終末論においていわれているような内容的なことは維持しなくてはならないと思う。例えばキリストが再臨して新しい天地を創造するというような内容である。そういう出来事の実現の"仕方"については直解的に受け取らなくてもよいのである。例えばキリストが天の雲に乗って現れる（マタイ 24,30）というように。直解ということは書かれた文字について回ることであろう。書かれた文字について回ることの否定は禅においてもいわれることである。復活についても文字について回ってはならない。空の墓というのはそのまま信じたら直解であろうが、復活したと信じることの表現として解すれば、それは直解ではないであろう。一回的啓示ということを思う時、ばかげたと考えてよいのかと思う。超越的存在という理解も啓示のイエス・キリストへの信仰から生じているという事実を考えねばならないのである。この点をはずしてはならない。直解主義はこういう信仰のいわば立体的構成を見失っているのである。この主義は信仰にとって重要なことも周辺的なことも同一の扱いにしているのである。そういう意味ではイエスをキリストとして信じているのではないのである。キリスト論的象徴の扱いにおいて非神話化にではなくて非直解化に携わってきたという[7]。神話そのものを否定するのではないという点では正しいことである。ただ問題なのは象徴という考えがあるためにイエス・キリストの出来事を現実の歴史の中の一点と受け取る必要はないということである。一回的啓示という点を考えると、どうしてもその出来事を現実の歴史の一点とせざるをえないのである。パウロは「キリストと結ばれる人はだれでも」（第二コリント 5,17）といっているが、「キリストが復活しなかったのなら」（第一コリント 15,14）ともいっているのである。前者の実存的、実存論的な面のみではなくて、後者の歴史的、客観的な主の復活という面をも同時に尊重しなくてはならないであろう。パウロは理性と矛盾する復活という事実を信じて理性をいわば脱自させている。自ら自己を脱いで新たなる自己になっているのである。

新しい自己を与えられて、古い自己でないものになっているのである。そういう意味では脱自という自の一形態である。脱自という以上、古い自らを脱いで新しい他＝自を着たわけである。朽ちない物を着るという(第一コリント15,53)。否、すでに着ているのである。来ることと着ることとは不可分離である。しかも来ることは人の世界の外から来るほかないのである。そうでない限り来るとはいえず、もともと人の許にあったものにしか過ぎないであろう。

【注】

1） S. T. Vol 2 1971 p.9 こういう観点から永遠という契機は永遠の現在として象徴化されねばならないという (S.T. Vol 1 p.275)。
2） S. T. Vol 2 p.34
3） ibid, p.155
4） S. T. Vol 1 p.134
5） S. T. Vol 2 p.121,122
6） ibid, p.100,109
7） ibid, p.152

（3）

さて、ティリッヒは理性について、次のような趣旨のことを述べている。つまり理性なしには存在はカオスであるが、理性があれば自己と世界とは相互依存しており、自己は主体的理性の携帯者、世界は客観的理性の携帯者であり、また理性の理論的機能、実践的機能の双方は全ての存在者の根拠、深遠なる存在自体の顕示であるという[1]。これによると存在全体が理性によって貫かれていることとなる。それほどまでに理性によって全ては総括されているのであろうか。またロゴス的であり、理性的であることがなぜそれほどまでに価値が高いのであろうか。しかし自己と世界、主体と客体という二元に何が先行するかという問いに対しては啓示のみが答えうるという[2]。これは正しいことであろう。しかし先のことと考え合わせると、啓示の前に人の側に何らかの志向性という一種の有が存しているように考えられているごとく見受けられる。たとえ罪という事態が存していても、現在の人間の中に絶対的なものへ連なりうる要

素が存在していることになるであろう。だが啓示が受容された時には主客の二元という事態もいったん終わり新しくいわば無から始まるのである。ここでのような考えがあるので、問いと答えとの相関という考えも生じるのであろう。存在自体の顕示（manifestations of esse ipsum）というときの「の」（of）の意味はどういうことであろうか。それが主体的二格であれ、客体的二格であれ、どちらにしても存在自体と直結することとなる。そこで問いと答えとして関連させるのであろう。しかし存在そのものをもし究極的なるものとすれば、そういうものが自然にしろ、人間にしろ現実的世界に直接的に現れているとは考えがたいことである。啓示として、しるしとしてということはあるであろうが。そこで啓示が啓示として受容される時には、このような考え方自体が脱落するといえるのである。一回的啓示は啓示以前のティリッヒのいう存在自体というようなものをも含めて人の思考から生まれた全てのものを脱落させるのである。理性というものは普遍的なものであり、人格的に具体的で、個別的なものとは異なっている。個として神と対話する場において啓示に出会うという考え方とは根本的にいって異なっているであろう。啓示の先行を明確に認識しなくてはならない。

　理性中心に考えると、理性は全ての人にとって共通的なことであり、何ら各人にとって個性的ということはないのである。そこで理性中心に考えることは、ちょうど東洋思想において仏性ということを共通的根底と考えることといわば対応しているともいえよう。人格的、個性的、個別的ではないのである。かくて理性で考えていくと、その対象は一般化されてしまう。つまり啓示という各人格に対する神からの各々別個の接触というものとは異質なものになっているのである。一般化されることによっていわば非人格化されているのではないかと思う。このことはブーバーのいうエムーナーという神と人との間の直接的対話、直接的信頼ということとも関係している。直接ということは理性による一般化を間にさしはさまないことを意味している。パウロの主張する、キリストが甦ったという事実（daß）を媒介にした間接的なのはよくないというのも、理性が間に入って命題化されたことを信じるというように解されうるからである。

つまりキリストとの直接の全人格的出会いから理性を媒介にした部分的、間接的なものへと堕していくこととなるのである。信仰の内容が命題化されると、直接性は全く消える。全人格的出会いでは理性的な部分も、少なくともその自己完結性が捨てられる。一方、理性を通しての場合には、理性についてはそのリアリティが残ることとなろう。理性によるいわば透過膜を作っているようなものであろう。アダムを呼んで、「どこにいるのか。」(創世記3,9)、あるいは「サウル、サウル、なぜ、わたしを迫害するのか」(使徒言行録9,4)という神からの呼びかけはそういう透過膜を作るという人間側での余裕を許容しないであろう。人は全存在として神の前に引き出されてしまうのである。神はまさに人間の側でのそういう余裕をこそ拒否するのではないのであろうか。「善悪の知識の木からは、決して食べてはならない。」(創世記2,17)という神の言葉に対して反省したりする余裕のあったことがアダムが堕罪する契機になっているのではなかろうか。神の言葉に対して直ちに対応するということの大切さを考えなければならないであろう。人間の側での余裕についてであるが、アダムでは堕罪前なので反省する余裕は神の与えてくれた彼の自由と一であったが、今現在における人間の余裕は堕罪後なのでそれは罪と一でしかないのである。神を信じようとする以上、このような余裕こそ反「神」的な性格のものなのである。モーセに柴の間の炎の中から語られた神(出エジプト3,2)というのは人の理性とは何ら共通性のない神である。むしろ理性とは衝突するような性格のものである。理性と衝突するところにこそその積極的意味があるともいえよう。なぜなら人の側での自己完結性の破棄が要求されるからである。ティリッヒではむしろ反対に理性と調和するように考えようとしているのではなかろうか。それは方向としては本来のあるべき信仰とは背馳しているといえよう。啓示と理性とが調和するとしても、それは二次的なことに過ぎないであろう。相対と絶対、有限と無限、罪と義などの関わりが逆説として説明されうれば(『日本の神学』44 p.88)、それはもはや逆説というに値するものではなくなっているといえよう。そういう形で説明がついて、普遍化されているのであるから。真に一回的でいまだ聞いたことのないものではなくなっているであろうから。真の逆説は自我崩壊と同時に出現するのである。

例えばアダムを人類の祖と考える直解の批判はそれ自体としてはよいとしても、その反動として哲学的な神学になっているのではないのか。ティリッヒの考えでは救済史全体が平板に見られているように感じられる。キリストの出来事を象徴と解するので、現実的に歴史の中心とできないからであろう。中心を見失っているといえよう。このことは当人が真にキリストと出会っていないことの現れだとせざるをえない。

　各人の罪がアダムの堕罪よりの宿命からか各人の犯す罪からかについて、アウグスチヌスにしろ、ペラギユースにしろ西洋の神学は一般的にいって人の論理でもって埋めようとしている。これは自我の働き以外の何ものでもない。しかしアダムの話も本来ならキリストへの信仰から改めて受け取られていくべきである。それまでは救済史の物語の一部として平板に受け取られている。キリストとの出会いがそれを立体的に変えるのである。キリストが唯一リアルな存在である。キリストはいかなるものの象徴でもありえない。可視的な世界よりさらにリアルな存在である。イエス・キリスト中心ということはそこから信仰が生まれ、それ以後は一切のものがキリストについての何らかの意味での象徴になっていく、なっていく可能性をもつことになるのである。アダムが単に人間一般についての象徴であれば、アダムが信仰告白としてリアルでなくなり、それは救済史全体が平板に考えられていることを示す、あるいはさらには歴史的思考が欠落していることを示す。教会にしてもキリストの体としてキリストの一つの象徴であろう。各キリスト者もまたそういうキリストの体のメンバーとしてキリストの象徴であろうとすべきである。そうであればこそパウロも「わたしたちの推薦状は、あなたがた自身です。」（第二コリント 3,2）というのであろう。象徴という表現が行きすぎというのであれば、それぞれの仕方においてキリストの属性を現しているといってもよいかと思う。「目に見えない神の性質、つまり神の永遠の力と神性は被造物に現れており」（ローマ 1,20）とされるごとく、世にあるものは全て神、同時にキリストの属性を現しているものでもあろう。パウロがこのようにいうのはキリスト信仰を通してである。かくて神はキリストの父なる神である。そこでここではキリストが神の象徴ではなくて、逆に神がキリストの代理者と考えてもよいのではないかとさえ思わ

れる。キリスト信仰は全てに優先してキリストを重んじるのである。

　理性と啓示との関係であるが、理性は啓示に抵抗せず啓示を求めるし、また啓示への要請は、理性の根拠は神の内にあるが実存の条件下では完全な神律ということはないという状況からなされるという[3]。こういう考えでは理性的であることがベースになっているが、それでよいのであろうか。理性と啓示をいわば相互補完的に考えるので、次のような考えも生じるのであろう。つまり原初的な啓示を個を通して与えられたグループは依存的仕方で啓示の同じ相関関係の中に入るという[4]。確かに最初は依存的仕方かもしれないが、それはあくまで予備的なものであろう。結局は自己がキリストに直接に出会うところまで進まぬ限り留まれない性格を信仰は持っているであろう。さもない限り究極的とはいえないであろう。しかし上述のような仕方で理性が自己の根拠を啓示に求めても、結局求めきれないであろう。啓示は理性の求めに対していわば順対応するわけではないであろうからである。逆対応することであろう。つまり理性がそういう求めを止めて初めて求めていたものに気付くという仕方においてである。こうしてやっと理性は安きを得るであろう。だがそのときには理性はその性格を変えているであろう。人間主義的理性から啓示下的理性へと。

　三一論にも関係するのだが、キリストがロゴスとして、神的力において父と等しいのなら父と子との相違は消え、劣っていれば被造物となるという[5]。ここには人の論理で神の領域へ踏み込もうとする姿勢が感じられる。こういう態度を捨てねばならない。人の存在が有限なのだからその論理もまた有限な範囲にしか及びえないのである。元来、神を信じようとすること自体がすでに人の論理を超えている。五感で認識できないことを人の論理を捨てて信じているのである。にもかかわらずその後で論理を発動してそういう事柄に対処しようとすることは本末転倒といえよう。キリストが全き神であると共に全き人であるというような理論も脱落している。そうして初めてキリストの霊が自己の内に生きるのである。三一論が前提となっている状況での霊では聖書自体での霊とは内容的に異なった要因が生じてきているのではないかと思う。キリストを通してとはいえ神への信頼が直接的なのに応じて、霊の働きもそうではないであろうか。

結局、現代人の置かれている、例えば現代の宇宙観とイエス・キリストという固有な唯一絶対の存在との間という状況の中で可視的なことに心が囚われているので、後者につまずいているように思われるのである。その結果として壮大な哲学を構築せざるをえないのであろう。西洋の場合、人間的論理の枠の中へキリストをはめ込んで、つまりそういう十字架へつけて、いったんキリストを殺していわば死に体にしてからでないと信じられないのであろう。啓示を受け取った、その実拒んだ後で二次的に神学を構成して、神をそこへ収めるのである。というよりも啓示を受け取る際に、そのときすぐに同時に理、知性によるいわば神殿構築なしには受け取れないのであろう。しかも神に合わせた寸法ではなく、人の理、知性に合わせた寸法による神殿なしには。申命記にある神殿の寸法とは異なったものである。しかし、それで信仰といえるのであろうか。このことは人の自然的理性の健在たることを現している。だがこれの否定があってこそ信仰といえる。義認ということもここで初めていえることであろう。このことはパウロのアレオパゴスでの説教を見ても分かる。

【注】

1) S. T. Vol 1 p.172 人における理性について、人は理性による志向性を持ち、客観的に真なるものとの緊張の内に生きることを意味するという（同 p.180）。

2) ibid, p.174

3) ibid, p.94,85 このように理性と啓示との関係においても理性に重点があると思われるのであるが、こういう面は奈落的質は神的生の合理的質を飲み込みえないという考え（S.T. Vol 1 p.279）にも反映されている。ところで神的質が合理的（rational）ということでよいのか。また奈落と合理的質という対立の構図で神的ということを見てよいのか。というのも合理的ということは現在の人の知性の枠内に入ってきていることであろうからである。むしろ神的ということは人の知性の枠の外にあるのではないのか。存在している物の原構造とでもいうべきものであれば合理的という性格のものでもないことであろう。

4) ibid, p.128

5) S. T. Vol 2 p.143

第2節　信仰の対象

（1）

　神についての積極的な議論として、神と存在の力とを同一視しない神学はモナルキックな一神論になるし、存在の力とは非存在に抗する力、全てのものの内にある固有な力を意味するという[1]。神について人の理性によって形成された概念で考えようとしている。神を人が作った概念の中へいわばはめ殺しにする結果になっているのである。キリストの出来事において啓示された神とはこういうものであろうか。少なくとも神と存在の力とを同一視はできないであろう。そうである可能性については否定できないとしても、そうであるとは決められないであろう。人はそのような権能を与えられてはいないのである。人の分を超えたことである。いまはおぼろげに見ていること以上に出ることはできないのである。何々であると決めることは人の理性の中にある一つの概念の中へ神を押し込めることであろう。神については存在の力であるというような知り方はできないであろう。これでは定義したことになってしまう。つまり部分的にではなくて全面的に知ることになってしまう。このことは「非人格的なものに究極的関心をもてない[2]」ということと矛盾するであろう。人の理性の中へ収まるような存在は「神―人」格的とはいえないからである。

　結局、理性という場の中での操作であろう。かくて聖書での神とは異なるのである。いわば哲学化されているのであるから。ここには信仰者の神と哲学者の神との相違という問題が存するであろう。

　神の創造による世界は無条件的な何かの現在を示しており、そういう要素がなければ啓示の答えさえ受け取られえなかったであろうという[3]。確かにそのとおりであろう。たとえ自己の存在全体が問いに化するといっても、そういう問いを持っているのは自己である。そうであればそういう問いよりも自己はよ

り上位にあることとなり、より大きな存在といえる。そしてそういう自己は答えをどこかから受け取る。この場合、その答えは"自己"という存在の中へ入ってくることとなりはしないのか。自己という大きないわば枠はそのまま健在である。かくて自己にキリストが取って代わるのではない。こういう場合には答えが与えられた時には問いは問いでなくなっており、問いは消えている。したがって答えはただ単に答えとして与えられているのではない。かくて答えは答えという性格をすでに失っているといわねばならないであろう。問いは問いでなくなり、答えは答えでなくなっているという事態が根本には存している。これに反してここでは全てが自我という大枠の中でなされているので、自我崩壊という契機は欠けているといえよう。確かに神には人にとっては絶対的に隠された部分が存するであろうし、神の霊（spiritual）的生活の中には人の存在の場合と違って隠された暗闇のものが現在しているというが、これは神的性の合理的な質[4]というものといわば対峙するような性格のものであろう。いずれにしてもアダムに呼びかけている点を見ても神は人格的存在である。ただ単に人格的存在や他の存在の根拠とか基礎とかということであってはならない。名前をもつ存在である以上そうであるほかはない。彼にあってはやはり論理的思考が優先しているのであろう。人格ということと象徴という考えとは矛盾するであろう。例えば神は愛である（第一ヨハネ4,16）という言葉は文字どおりそのように理解すればよいのである。今は部分的に知り、そのときには完全に知るという観点から理解すべきであろう。神の愛についてそういうことである。それは象徴ではなくて神のそういう点について部分的に知らされているということである。神の義についても同様であろう。あるという者という神の名前（出エジプト3,14）についても実際に神はそういう性格のものであることを意味しているのである。

　次に人、歴史について。理性の深みは理性に先行し、理性を通して明らかになるところの何かの表現であるという[5]。現実に生きている人間や物のような合理的存在の背後にこういう理性の深みともいいうるような存在自身というものが存しているということであろう。神と人とは相互内在的なのであろう。いうなれば万有内神論（Panentheism）ともいいうるような立場であろう。ある

いは逆に神有内万論ともいえよう。そしてこれらはいずれも人の自我によって構成されたものといいうるであろう。有限な人間の言葉で神を定義しようとすること自体が捨てられるべきである。そのような態度では神は遠ざかるばかりであろう。現実の歴史や社会についてそれほどまでに理性的とか合理的とかいいうるであろうか。そういう意味ではアリストテレスの理性的動物としての人の規定を誤りとする[6]のは現実に合致している。現実的世界にはティリッヒのいう両義性があるとしても、そういう一種の合理化と現実は調和しうるであろうか。彼の合理的考えは次のような見解にも見られる。神は存在を持つ全てのものの現実化と本質化の方へ進むという[7]。しかし旧約を見てもすぐ分かることだが、神の意に反する多くの人々が滅ぼされている。そこで"全"というのは事実に反することとなろう。神についての勝手な解釈となっているのではないのか。現実に存しているものが完成へと向かうのが神の意志であるし、またそれが人の持つ完成への意志とも合致するので、そういう先入観を持って神を見ているのではなかろうか。このようないわば素朴な神観は一度否定を通らない限り、キリストの啓示へと通じないであろう。彼の考えはイエス・キリストの啓示から考え始めるというのではないであろう。さて、宗教的超越について、聖なる他者としての神は自由―自由の関係において神的汝として経験される必要があり、「災いだ。わたしは滅ぼされる。」（イザヤ 6,5）について"魂の暗い夜"なしには根底的神秘を経験できぬという[8]。これはそのとおりである。このように神を生きている人格的存在として経験することを重視するのであれば、象徴というような考えは生じないのではないかと思われるのである。ここでは人の側でのリアリティの全面的廃棄がいわれている。そこで自由―自由の関係ということはこういう事態と一のことであろう。だがこういう関係では対等という印象である。これは神と人とのいわば相互内在という契機とも対応したことであろう。神を聖なる者として経験するということとこういう契機とは二律背反の側面が生じてくるであろう。先のような自由―自由という仕方での神の超越性の経験においては、超越とはいってもそのように考えられ、いわば象徴として受け取られているというに過ぎなくはないのか。その限りにおいて超越ではない。聖書での霊というものはその都度個別的に啓示されている。一

般的全体的にこうであるという定義は見られない。キリストにおいて全てがまとめられる（エフェソ1,10）という考えは見られるが、神の啓示は外の世界への出来事として具体的でなければならない。人の内面性へと解消できないことでなくてはならない。内面的なものは結局人間内在的なことなのである。

【注】
1） S. T. Vol 1 p.236
2） ibid, p.223 もっとも、神の神聖さは神自身が人の主客関係の根拠なので神をそういう関係へと引き入れるのを不可能にするともいう（同 p.272）。神は万物の創造者という点ではそのようにいいうるであろう。このようにも考えるのであれば、神を存在の力と同一視するというようなことはできなくはないのか。存在と考えられるにしろ、存在の力と考えられるにしろ、その都度その都度の啓示として受け取られることが必要であろう。キリストの啓示が一回的であることに応じて、そういう人の側での受容の仕方もまた一回的であろう。一般的内容としての受け取り方は人間優先的な受け取り方となるであろう。そういうことは不可能であろう。神を対象的に見ることがいさめられているのであるから。
3） ibid, p.206
4） ibid, p.279
5） ibid, p.79
6） ibid, p.259
7） S. T. Vol 3 p.422 誕生後熟年に達しなかった人のことを神は考えていないとすれば全被造物の潜在性の成就を目指す神と矛盾するという（同 p.418）。ティリッヒの考えはあくまでこの地上に心身共に据えたままで彼岸のキリストを見ているという印象を受ける。ちょうど真宗において彼岸に届いてはいるが、此岸にいるままで彼岸の阿弥陀仏を拝んでいるという批判を禅から受けるようにである。
8） S. T. Vol 1 p.110, 263

（2）
　キリスト教的使信での逆説は一人の人格において本来的人間性が実存的条件下に現れ、イエス像の中に不安の全ての形が現在するが絶望の全ての形が欠けるような人間的生命を見ており、さらにイエスをキリストにするのは彼の存在が本来的、実存的両存在間の分裂を超えた新しい質を持つからだということで

ある[1]。キリストにおいて人間的側面を強く見すぎることにならないのか。また本来的人間性とはどういうことか。さらに、「エリ、エリ、レマ、サバクタニ」（マタイ27,46）という叫びは何らかの意味で絶望を意味しているであろう。そこで先の見方はイエスをあまりにも人間的次元へと引き下ろしてきている見方ではないかと思う。本来的にはイエスはまず神と人との間の仲保者とされているのである。それゆえにキリストとなっているのである。こういういわば一種の引き下ろしがキリストを象徴として見ていく考えへと繋がっているのであろう。またキリストが神の子たることは実存の条件下での神、人両者の本来的一体性を表現し、彼の存在へと参与する人々においてその一体性を再構築することだという[2]。これは正しいことであろう。イエス自身がそういう性質を現しているのであるから当然このようになるであろう。だがティリッヒは次のようにもいう。つまりイエスの新しい存在という現在は生き返った体ではなく、霊的現在という性格を持つという[3]。これは彼を含めて現在の人々がキリストを知る知り方をいっている。しかしこういう考えではキリストが体を持って霊の体へと復活したのか否かはっきりしない。そうなると罪のないキリストにもかかわらず、体は死んだままという可能性を排除できないこととなろう。かくてこういう考えではきわめて不十分となろう。死が現実的なことだから、それを克服する復活もまた現実的であるほかないのである。ただし霊の体へであるが。もとより単なる蘇生では死の克服になっていないことはいうに及ばない。要は新しい存在というものの内容、性格がはっきりしないということである。復活があいまいになった度合いに応じて新しい存在の性格もあいまいになっているのである。霊の体というものは肉の体と違って現在の我々の知性には十分には知られていないことである。だから霊の体という発想は死の克服は復活でなくてはならないというような合理主義的考えとは異質であると思う。

　次に、キリストの出来事を歴史の中心と考えることについて。信仰はそういう異常な主張を誤りの危険を冒してあえてする勇気をもつという[4]。自我崩壊において信じる時には、勇気とか危険とかという契機はもはやそこには介在していないであろう。こういう契機をリアルにまだ感じているということと主の出来事を象徴として感じるということとが対応しているように思われるのであ

る。信仰は人の側での危険を冒す勇気というような契機を撥無しているといいうるであろう。キリスト教は新しい存在が古い存在を克服した人格的生を保証するが、当人の名がナザレのイエスたることを保証はしないという[5]。このような分離ができるのであろうか。可能と思う限り、一回的なキリストの存在を信じているとは思われない。また象徴と考えることがこういう別の形で現れているのであろう。象徴であるのならほかにも象徴は存することとなる。そこでこういう分離が可能となるのであろう。ただイエスという存在の逆説的性格は彼が時空の諸条件下で有限な自由しか持たぬが、存在の根拠から疎遠になっていないという事実の内に見られるという[6]。この点は正しいことであろう。

　キリスト教はイエスのメシア的性格への証言に基づくので史的イエス探求は失敗だったという[7]。これは正しい判断であろう。信仰の基礎としての客観的な史的事実を得ようとすることは元来無理なことであろう。ただ象徴として見るのでそういう判断に傾いているとすればその点については問題なしとはいかないであろう。それに関連して、誘惑への屈服に反対のキリストの決断は有限な自由の行為として誰でもによるそういう決断とアナロガスであるという[8]。これではしかしキリストも一般の人も根本的には同一となりはしないのか。ティリッヒにとってはそれでよいのかもしれない。贖いという事柄はどうなるのか。罪なきキリストにしかなしえぬことではないのか。もっともキリストが個人的所有物としては神との同一性を拒んだ（フィリピ2章）のでキリストだという理解[9]は正当であろう。イエスは自ら神と共にあることを捨てているのであるから。しかしイエスは一方では「わたしを見た者は、父を見たのだ。」（ヨハネ14,9）といっている。かくてそれら両面を共に尊重しなくてはならないであろう。一方のみの尊重は人間的判断の優先を反映しているであろう。たとえイエスにおいて新しい存在としての究極的存在が実現されていたとしても、それだけではイエスは単に長兄、先達であるに過ぎないであろう。他の人々に自分もそのようにあろうとする勇気を与えてくれるとしても、救い主にはなりえないであろう。

　イエスの生涯を前後の時代から切り離すと、歴史を通じた神の自己顕示の持続性が否定され現代のキリスト者をキリストにおける新しい存在との直接的接触

第2章　P. ティリッヒ『組織神学』におけるキリスト教的宗教哲学　77

から引き離すという[10]。確かにそうであろう。だが歴史の中への一回的啓示という観点から見ると、イエス・キリストのことは特別のことなので、これはむしろ逆ではないかと思う。歴史的、地上的世界とは異質な世界からの啓示にして初めて人を動かしうるといえよう。彼の考えは救済史的考えとはいえるが、人間的ないし人間化された救済史ということとなろう。神による救済史ではないであろう。これはキリスト教というべきではなくて、キリスト教的教説とでもいう方が適切であろう。信仰という語を使うのであれば、キリスト信仰そのものではなくて、「キリスト信仰」的信仰とでもいう方が適切であろう。キリストへ直には連結してはいないのである。

　イエスには究極的存在への参与と実存的疎外という観点からとは異なった契機がありはしないのか。神と人との間にあるという状況から生じる苦悩である。これは実存的疎外から生じるものとは異質であろう。

　イエスがキリストという主張の概念的解釈はイエス・キリストのキリスト性の否定かイエス性の否定かになるという[11]。これは正しいことであろう。人の持つ概念で説明しきろうとすることは元来無理なのである。ロゴスの受肉ということは神の存在と同様に、神の奥義の領域に属すことではないのか。「十字架の言葉は、滅んでいく者にとっては愚かなものですが、わたしたち救われる者には神の力です。」（第一コリント 1,18）とパウロもいうとおりである。

　イエス・キリストの歴史像の奥に史的イエスを探求しようとすれば、福音として受け入れられたものから事実的要素を取り出す必要があるが、そういうことは元来不可能なことである。ティリッヒにとっては前者の要素が大切となるであろう。しかし地上のイエスの探求は啓示の出来事への信仰にとっては不可欠であろう。イエスにおいて本質的人間性が実現したというように考えるので前者重視の結果になるのであろう。だが実存的信仰によって前者に至った時には、後者において考えられているような個人への出現を超えたような仕方で出現したと信じられねばならない。パウロが「死者が復活しないとしたら、食べたり飲んだりしようではないか。」（第一コリント 15,32）との告白と地上のイエスとは一体である。確かに客観的イエス像に基づいて信じることはできない。しかしいったん信仰が成立した時には客観的イエス像が自分の信仰を生起させ

てくれたと信じうるのではあるまいか。信じることにおいて救済史的地平が開かれるが、それら二つの事柄が真に一となっているかが大切である。もしそうなっていなければ、先の取り出すという作業の結果、「この世の生活でキリストに望みをかけているだけだとすれば、わたしたちはすべての人の中で最も惨めな者です。」(第一コリント15,19)とパウロのいうごとき結論となるであろう。ここでは静かではあるが、食うか食われるかの戦いが行われている。人が啓示を食うか、あるいは啓示が人を食うかである。西洋的な形而上学的世界を構築してというやり方は前者の型といえよう。人が啓示を無力化し、無「毒」化して食っているのである。疑うということはある特定の人イエスという存在に自己の全てを賭けることを忌避するという事態から由来するという面が強いと思われる。ここのところこそ信仰によって超えるべきところなのである。その結果パウロのいう「肉に従ってキリストを知っていたとしても、今はもうそのように知ろうとはしません。」(第二コリント5,16)となる。ここではもはや歴史的、事実的な事柄によって煩わされてはいない。たとえイエスが実在しなかったという証明を見せられても、もはや揺るがないであろう。そういう証明は全て"人"のすること、"人"の"業"であるからである。もうすでに"人"の次元を超えた存在になっているのである。"人"も"地上"も超えているのである。宙に浮いている存在となっているのである。この世、この世のものは全て消えていく存在である。そういう証明も消えていく世に属す存在の一部にしか過ぎないのである。キリスト信仰はもはや自己の外に根拠を持つのでなくて、自己の内に根拠を持つものになっているからである。こういう状況は「なぜ、わたしを迫害するのか」(使徒言行録9,4)というイエスの顕現によって可能となっているのである。

　神と人との間の和解ということはイエスが新しい存在の体現者ということとは異次元のことである。前者は神中心的なことで、後者は人間中心的なことだからである。新しい存在の体現者ということであれば、キリスト教世界の中で考えるとイエスのみということになろうが、全世界を考えると仏教世界では釈迦もいるということになろう。そういう体現者というのみでは罪の贖いはできないであろう。罪なき神自身にしかできないことである。イエスはまず何はさ

ておき神でなくてはならない。受肉は決して否定されてはならない。これが救済史的見方の起点となるからである。これが廃棄されると歴史的救済史は消えてしまう。罪の赦しも消えてしまう。要するにキリスト教が消えてしまう。これは個人の実存の外への啓示であり、かくて実存的範疇の中へと取り込まれてはならない。受肉、十字架、復活——これら一連の出来事が人を捕らえるのである。新しい存在の具現者というような、誰の心にも多少なりとも存在しているような契機がそれほどまでに人を捕らえうるであろうか。衝撃的ではないからである。イエスとの間にあるいわば連続性ではなく、非連続性が人を捕らえるのではないのか。その上、イエスがその新しい存在性のゆえに人を捕らえるとしても、具体的にどのようにしてかは明確ではない。イエスが神と人との間の和解者なるがゆえにそうであるという認識が不分明である。そういう点からみて、イエスにおいて神という究極的存在への参与を見るというような解釈は極めて人間的、人間中心主義的な解釈といえよう。最も中心的なことを差し置いて周辺的なことを中心に据えているのである。こういう傾向は象徴という考えとも呼応していることであろう。これはもはや基本的にいってキリスト信仰ではなくて、キリスト教的人間哲学である。イエスという存在よりも新しい存在とか存在そのものとかといわれるものが究極的でイエスの存在よりも上にあることとなるであろう。

　イエスによる原初の啓示と依存的啓示との間には差異があり、続く世代は使徒らによりキリストとして受け取られていたイエスに出会ったという[12]。人がイエスに出会うのはいつも原初的だとせねばならないであろう。原初的（original）——依存的（dependent）という区別では歴史的観点が入っている。つまり世俗界における時間という契機が入っている。しかし啓示というものは時間の世界の中への超時間的世界の突入を意味している。これこそ啓示である。ここでは時間は超越されているし、いなければならない。かくてここでは原初的——依存的という区別は生じえないのである。永遠なものの啓示においては時の位相は問題外となっているのである。ティリッヒのいう原初的啓示と依存的啓示との区別は無意味であろう。後者は厳密な意味では啓示とはいえない。むしろ問題は原初的啓示の内容がどういうものであるかということである。依存

的啓示とは形容矛盾である。何か他のもの—たとえそれが啓示であっても—に依存しなくてよいからこそ啓示であるといえるのであろうと思う。彼が原初と依存の二種に啓示を分けて考ええたということは彼自身がどのようにキリストを信じているのかという疑問を抱かせるのである。彼は当然第二世代以後であるから後者であろう。たとえ最初は依存的であってもいつまでもそうではありえない。やはり第一世代の人と同様にイエスに直結せねばキリスト信仰とはいえない。自己以外の何かに依存した信仰に成り下がっているといえよう。信仰の根拠は究極的には自己自身の内になくてはならない。そのことが同時に自己を超えた信仰でもあるのである。啓示が与えられると同時にその根拠も自己の内に与えられることになるのである。確かに形式的には先のような区別はできよう。しかし本質的にはそういう区別はできないであろう。形式的とは第三者から客観的に見てということであろうが、信仰は本来そういう見方から見られるべきものではない。自己の内に根拠があることと自己を超えたところに根拠があることとが不可分一体となっているのである。人が人格的存在であるということも啓示が与えられて初めてリアルなものになってくるのである。それまでは可能的にそうであるに過ぎない。つまりこの可能性が現実性へと展開していく点において、同時に人の存在の限界を超えた、つまり超人間的な信仰の根拠が現れてくるといえる。啓示がなければこういう可能性は現実性へと展開しえないのである。その根拠は人間的な次元のものではないといえるであろう。依存的啓示[13]という表現は人に啓示が示される前に何かが存在していることを表している。そしてそういうものに依存して信じていることになっているといえる。つまり信仰という場の成立以前に何かが存していることを認めていることとなる。それはすでに人間的次元へと格下げされているものである。これはすでに信仰から落ちていることを意味している。信仰に関わるものは全て信仰の場の成立と共にその場の中に現れてくるべきものであろう。このようにいわば禅でいう無我以前の状況では人間的次元のものが何か先在しているのである。そしてこれは人の自我にまさに対応しているものである。こういう信じ方では真宗で仏を対象的に拝んでいるのと同じ状況であろう。信じる対象が救済史的に啓示されたものとして拝まれているのに過ぎないのである。

啓示を二種に分けて考えうるのも、啓示を神的事物についての情報ではなく、物事、人々における存在の根拠についての脱自的顕示と理解する[14]からではあろう。確かに情報であれば、同一の一種あるのみであろう。だが啓示が人の実存的状況を超えた性格のものであれば、いわば天から下ってきたイエスに直接出会う以外啓示は成り立ちえないであろう。同じ個所において啓示の歴史の中心がキリストの出来事というが、それへの線とそれからの線とが考えられている。中心と線とは相互依存的である。平板化された見方が前提となっている。キリスト信仰の開けと同時に救済の歴史の開けも生じる場合はキリストの啓示が「中心」とはいえないであろう。それが全てであるのだから。歴史というものもキリストの啓示からその一部として開かれてきているものに過ぎないであろう。かくてここには線というものは原理的にはないといってもよいのである。だから中心というものもまたないともいえよう。"脱自的"とは当然このようであるほかないであろう。線があることと線がないこととが逆説的に一になっているともいえよう。線があると"考えられた"線は真の線ではないのである。

【注】
1) S. T. Vol 1 p.201 Vol 2 p.94,121
2) S. T. Vol 2 p.110
3) ibid, p.157
4) S. T. Vol 3 p.364　もっとも、イエスは全ての特別なものを代表し、絶対的に具体的なものと絶対的に普遍的なものとの一致の点でなくてはならないという (S.T. Vol 1 p.17)。「全ての特別なものを代表」というのでは少なくともキリストが全人類の救い主という観点からはまだ不十分である。「代表」(represent) というのみではキリストの固有性は現れてはいないからである。一回性、排他性は表現されていないのである。　だがしかしティリッヒにとってはキリストはどこまでも象徴という考えからしても存在それ自体ではない。しかしそれでは罪の贖いはできないのではないのか。罪のない存在という契機は不可欠であろう。そうでない限りキリストも釈迦も横一線となろう。いかにイエスにおいて新しい存在が現れているにしろ、イエスの存在と新しい存在とを区別して考えることが可能となってしまう。イエスは「わたしを見た者は、父を見たのだ。」(ヨハネ 14,9) という。イエスはこのように神を体現しているのである。象徴というような関係ではありえない。
5) S. T. Vol 2 p.114

6）　ibid, p.126
7）　ibid, p.105
8）　ibid, p.129
9）　S. T. Vol 1 p.134
10）　S. T. Vol 2 p.135 以下
11）　ibid, p.142
12）　S. T. Vol 1 p.126
13）　ibid, p.126,144
　　彼が依存的啓示を認めている限り彼は基本的にいってバルトと同じ救済史的考えに立っていると思う。その上で聖書の文字が客観的に真理とされるような例えば逐語霊感説を退けているのである。依存的啓示というようなものは当人にとって真の啓示が与えられる以前のものである。つまり信仰以前に何かが前提されているのである。イエスという啓示との人格対人格、一対一という対応になっていないこと、原初的啓示と並んで依存的啓示を考えることに応じて、次のようにも考えられている。救いの出来事としての啓示は終局的、完全、不変であるが、受け取る人については啓示は準備的、断片的、可変的であるという（S. T. Vol 1 p.146）。救済史的考えといえばいえよう。また啓示の歴史の中心があることにより準備的啓示と受容的啓示とを分け、後者の携帯者としてキリスト教会を挙げている（同 p.143 以下）。イエスはペテロに「わたしはこの岩の上にわたしの教会を建てる。」（マタイ 16,18）という。しかし教会が啓示の携帯者とはいっていない。ペテロという個人である。教会ではなくて、教会の中の特定の個人と考えねばならない。教会と考えるから、権威主義的制度（authoritarian systems）のような事態となるのである（同 p.145）。旧約においてもイスラエル民族ではなくて、その中のモーセなどの預言者が啓示の携帯者である。各預言者の預言が真理か否かは歴史の試練が明らかにする。教会が啓示の携帯者という考えは厳密な意味では、啓示と救いとは分離されえないという考え（同 p.145）と矛盾するように思われるのである。
14）　S. T. Vol 2 p.166 以下

（3）

　啓示による答えは実存的諸問題全体との関連においてのみ有意味であるという[1]。そのとおりであろう。しかしここでいう「関連」（in correlation with）という言葉の意味が問題となるであろう。人の側からの問いに対してちょうど対応するような形で答えが与えられるのではないであろう。パリサイ人の問いに対するイエスの答え（マルコ 12,17）を見てもこのことは一目瞭然である。

またパウロの場合を見てもパリサイ人として生きている間はそれに対して疑問をもつことはなかった。主に出会って初めてそれまでの自分が疑問となったのである。かくてこういう状況も関連といえなくはないが、関連とはいえないという側面も同時に存しているのである。むしろ後者の面の方が強いのではないのか。答えが問いに対応している場合にはそれら双方は基本的にいって同次元に立っているからである。罪によって隔てられている此岸と彼岸とが同次元に立つことはないのである。先のような考えが出てくるのは信仰の理解自体がルター式になっている、つまり神への恐れからキリストの許へ逃れるという在り方になっているからであろう。自我が崩壊していないので実存的と超実存的という二つの次元が一にならないのである。実存的世界が成立すると必然的にその外の世界が成立することとなる。かくて自我が崩壊して空となると同時に啓示をそっくりそのまま人間的潤色をせずに受容する以外に道はないのである。キリストというロゴスは啓示の言葉ではなく、啓示の現実性を示しているという[2]。言葉のようないわば可視的なものとそれが表す内実とを分けるというやり方はイエスの存在を象徴と見る考えと軌を一にしているのであろう。全般的にいって可視的なものを不可視なものの表現物と考える考え方はしるしを重んじる聖書的発想とは異質であろう。現実性と言葉とを二者択一的に考えてよいのか。後者なしには前者もないのであるから。こういう考えはまた彼のいう意味での非直解化へ通じる考え方でもあろう。

　形而上学的世界を構築せずに直接に受け入れる場合にはイエスは超自然的存在として受容されるのであるから、自己の全存在を賭けて受け入れることとなる。そうでない限り受け入れたことにはならない。反対に構築することはせいぜい自分の内の何％かをそこへ賭けているのに過ぎないのである。決して全てをではない。全てをそこへ賭けていることは脱自的性格のあることを示している。部分の場合は基本的には逆に自己の中へ啓示を取り込んでいるのであって、真に脱自的ではない。たとえ超自然的存在として受け取る場合でも超自然的と人が考えるようなものとして受け取るのでは、そういうものは人に脱自を要求する力を持ってはいない。考えて受け取るということは間をおくことである。この"間"という契機によって人格対人格の出会いという事態は消滅したので

ある。間接的になるからである。パウロとイエスがダマスコ途上で出会ったときも直接的であった。"間"はなかったのである。この"間"ということは余裕ということでもあろう。間をおくことはまた何らかの意味での古い自己に留まることでもあろう。啓示は人とは異次元に高いところより到来するものであるから、信じるか信じないかの二者択一しかない。人が脱自的ということとイエスが超自然的存在ということとが対応しているのである。イエスという啓示は別世界への入口のようなものである。

人の判断を啓示に対してさしはさまないことは知の開けという場を作らないこと、啓示の前では自己の側での全てを捨てて啓示を受け入れること、人間的前提を捨てること、人の側での何らかの事柄を前提として啓示を受容するのではないこと、アダムが堕罪したようにならないこと、仏教的にいうと無明に落ちないことをも意味しているのである。というよりも人は今すでにそうなっているのであるから、そういう状況と決別することを意味している。禅でいうと頓という仕方で無明を一気に消すこと、原罪の溝を一飛びに飛び越すことである。漸悟ではなくて頓悟に当たるのであろう。啓示を受け取るとき大事なのはこのように人の判断を交えずに受容することである。

　アブラハムが来年サラに子が生まれるという言葉を聞いたとき、そのまま信じたのである(創世記18,10以下)。疑えば人の判断を入れたことになる。人の存在が人にとって問いとなっている状況の中へ問いとしての啓示が到来するのである。人の存在を問いに化するところの啓示がそのまま答えとなるということである。人の判断を間にさしはさまないことはこういうことであろう。アダムが堕罪したのも自己の判断をさしはさんだためである。神が善悪の知識の木からは食べるなといわれた（創世記2,17）のだから食べさえしなければよかったのである。神と自己との間に隙間が存在しているのである。人が神の言葉をそのままに聞かずに隙間を作ってその隙間をも埋めようとして種々画策することになっているのである。さしはさまないという場合は神と人との関係は直接的といえる。判断をさしはさむ受け取り方では神の啓示は人の意識の中へ表象として移されている。表象化されたものとして受け取られている。しかし表象化されたものはすでに啓示自体ではなくなっている。啓示の前提となる神と人

との間の断絶性は最小限に弱体化させられてしまうのである。基本的には撥無されるのである。判断の中へ取り入れられてしまうと、キリストは生きた存在として迫ってくるものではなくなる。いわばいったん殺されてその後で人の判断に合うように人によって復活させられて人に出会うことになるのである。神によって復活させられたキリストではないのである。少なくとも啓示の方が客体ではなくて主体であるということではなくなっている。大切なことは表象化せずにそれ自体として自存している客観的事実として受け取ることである。このことによって人は全般的に何かを、つまり外的存在を表象として受け取るという受け取り方から解放される。その結果それ自体として自存している、神による被造物として受け取ることになるのである。そのようになるまでは外的存在が先か、人の意識が先かという鶏が先か卵が先かというような決めようのない問いに取りつかれているのである。このように啓示の到来により人の表象しようとする能力もそれによって途絶させられているのである。途絶するからこそ人は啓示と自己との間に判断をさしはさまないのである。そうすることは人の側での余裕のあることを現しているのである。外的存在と人との間を隔てていたいわば透明の膜のごときものが除去されて、それら両者は、人も外的存在の一部になることにより、全て神の被造物となる。全てはそうである点で一なのであるから統一されたこととなる。「今日まで、共にうめき、共に産みの苦しみを」（ローマ 8,22）ということになる。

　義人にして同時に罪人という逆説が罪の感情への神の赦しの宣言を示すという[3]。結局ルターの考えへ行きついている。ルターの考えでは良心という場において罪の感情やキリストが理解されているので、実存的両義性とか象徴という立場へ通じやすいということであろう。信仰での勇気について、自己の善を神へ引き渡す勇気が中心的要素という[4]。こういう勇気はまだ人の側での自我に属しているのではないかと思う。自我崩壊とはそういう勇気も捨てられているところである。無からの創造とはそういうところであろう。勇気という言葉はそれ自体にまだ人の側での要素が混入する危険がなお残っていることを示すであろう。神のみが善悪の曖昧さへの人の勝利を人の内に表すという[5]が、そのためには人はいったん無に帰さねばならぬが、これは自我崩壊以外に考えら

れないのである。

　信仰とは究極的関心によって捕らえられている状態であり、この形式的概念は普遍的という[6]。普遍的というのであるから、当然キリスト信仰にも妥当するのであろう。だがこれではなお二元的である。人には捕らえられているというような罪的状況を反映した二元的な面が不可避でもあろうが、それが基本であってはならない。その場合には捕らえられる主体がまだ残っているということとなるであろう。「キリストがわたしの内に生きておられるのです。」（ガラテヤ2,20）にあっては二元的ではないといえよう。もっとも「何とかして捕らえようと努めているのです。自分がキリスト・イエスに捕らえられているからです。」（フィリピ3,12）ともいうが、先のようにもいっている。二即一である。ティリッヒでは一の面が欠けているのであろう。こういう面とも関係すると思うが、信仰は人の霊の構造、機能、力動性の内で起こる、それは人の内に存しているという[7]。「構造のうちで」（within the structure）、「人のうちで」（in man）というようにいかにも人の内に内在しているかの表現となっている。これで本当によいものかと思う。こういう面にも関係するが、あなたがキリストとはいえないといわれると、否そういえるといわねばならないであろう。なぜなら霊において十字架のキリストと一だからである。反対にあなたがキリストといえるといわれると、否そうはいえぬというべきである。なぜなら個としては十字架のキリストとは別個の存在であるから。二即一の存在なるがゆえにこれら双方をいうべきなのである。しかし「わたしがキリストである」と自らいうことはできない。なぜならこれでは二即一ではなくて、一即一となってしまうからである。パウロでさえも「キリストがわたしの内に生きておられるのです。」（ガラテヤ2,20）とはいっても、そのようにはいわないのである。なぜならローマ7,7以下のような一面が人には不可避であるからである。

　信仰について次のような別の表現もしている。つまりキリストによる神的参与への参与（主の十字架での苦しみの性格は代償ではなく自由な参与と考えるのに応じて）、それの受容、そしてそれにより変えられること——これが救いの状態の三重の性格という[8]。ここでいう参与で十全なのであろうか。主の十字架を代償と考えない点に象徴という考えが反映している。参与しようと自我に

よって考えている限り参与できていないのである。参与しようという意識が消えて初めて参与するという事態が結果したのである。主客の対応が存している限り参与はできていないのである。

　奇跡については機会を改めたいと思うが、少しだけ触れておこう。神は自己を顕示するに当たって自己の創造による世界を破壊する必要はなく、我々はその言葉の超越的意味において奇跡を拒んだ、また奇跡は自然的過程における超自然的干渉という観点から解釈されえない、さらに処女降誕について、そういう考えがメシアの人間的条件への十全な参与をメシアから奪うという[9]。しかし奇跡を拒んでよいのか。神による世界へのしるしという意味もありはしないのか。奇跡は特段破壊ではないであろう。両者を同一に考えてはならない。一時的中断であろう。これは神の主権によることであろう。このように考えてみるとティリッヒの考えにおいては神の真の主権は認められていないのではないのか。神は魔法使いとなってしまうということであろう。しかしこれはどうか。超自然なことが直ちに理性の破壊となってしまうであろうか。理性の破壊ではなくて、理性主義の完結性の破壊ではなかろうか。かくて信仰的にはよいことではないのか。生の両義性ということをいうのであれば、奇跡についてもそういう契機を考えてはどうであろうか。自然と超自然との間にもまたそういうあいまいさがありはしないであろうか。神の目からは自然も超自然もありはしないであろう。たとえ聖霊によって受胎したとしても、人として生まれた以上、人としての条件下に存するほかないのである。

新約においてすでに空の墓、処女降誕、肉体的上昇などにおいて合理化が現れており、罪がないということはイエスについての聖書の像の合理化だという[10]。しかしそれではキリストの復活自体についてはどのように信じるのか。復活自体を否定するのか。理性によって象徴とされたような事実としての復活というものは本当に神から人への啓示たる事実と同じであるのか。象徴としての事実だと決められると客観化される。その限り主体的に受容されるものとは異なっている。そういうものは直ちには真に客観的とはいえない。その上、理、知性によっていわば体系の中へ全てのことが位置づけられると、そのことによって神さえも人の理性という世界の中へ入れられてしまうことになるのである。結

局、理性が最優先されることとなってしまう。理性の完結性が捨てられていない点で仏教と共通しているといえよう。思想体系を構築してその中へ収まるように受け入れられることになると、イエス・キリストという人格の自由を奪うこととなってしまう。生きている人格には常に不確定な要素が不可欠である。まして神的存在については陶工の自由のように人の判断を超えている自由が不可欠である。ということは体系の中へ収まると、人の自由が優先されていることを示す。逆でなくてはならない。今すぐにも宇宙を終末に至らせる自由を神、キリストは保持しているのである。真に生ける神を人によるある一定の思想体系の中へ収まるように受容することはできないのである。そういうものを破るところにこそ神の絶対の自由があるというべきである。今、人が神に語りかけ神から何かを聞こうとする場合、人は一切の前提をはずして文字通り虚心に聞かなくてはならない。思想も、体系も、前提も、先入観も、一切を糞土のようなものとしてはずすことが不可欠である。人が持っているイメージを破るところにこそ神の神たるゆえんが存しているのである。

　受け入れにくくするためにそうしているのでない限り、受け入れやすくするために人の論理を発動しているとしか考えようがない。つまり啓示の突如性というか、断絶性というかそういう契機を減退させる結果になると思う。今は部分的にしか知らされていないのである。知らされていない領域にまで肉の人の論理を持ち込まねば安心できない人の心こそ問題にすべきであろう。人間的論理を持ち込むとその方が分かりやすいので、人は自ずからそちらへ赴くこととなる。その結果信じるという契機がその分減って論理へと変えられるのではないのか。これは肉的誘惑と同じでどこまでも進むのである。人の論理でもって外堀を埋め、内堀を埋めるやり方は、最後にはキリストの復活のようなことまで論理の餌食にしてしまうのではなかろうか。復活ということが合理化されていくからである。やはり復活が奇跡でありうるにはその周辺の出来事や状況が共に論理を超えた世界であることが不可欠であろう。周辺が合理化されると復活自体もこれこれだから復活したのだというように合理化がなされてしまうからである。そうなると例えば驚きという性格は消えてしまう。結局、全ては人の論理によって置き換えられてしまうのである。かくて根本的性格が最初のも

のとは似ても似つかないものになってしまう。

奇跡について、例えば奇跡は現実の合理的構造に相反する（contradict）ことなしに驚くべき出来事であり、またキリスト復活への信仰は歴史的研究に依存せず、信仰自身が実存的疎外の究極的帰結への主の勝利の確かさを与えるという[11]。現実の構造がそれほど合理的にできているであろうか。合理と非合理の間においても両義性、曖昧さという契機が存してはいないのか。引用の後半は正しい理解であろう。ただこういう点についての聖書での記述は聖書の中におけるキリスト復活の経過についてのものであろう。かくてその記述がいかなるものであっても、現代に生きている我々が具体的にキリストの復活をどのように信じればよいのか、あるいはどのようには信じないでよいのかという問いにとっての答えにはならないであろう。教会が生まれたのはキリスト復活への信仰があってのことであることはティリッヒも認めている[12]。つまり信仰が先なのである。そういう信仰が今現在においていかにして可能かが大切である。当時の人々が信じたのと同価値的な事態が当時と状況の異なる現在においていかにして可能かが問われねば神学は考古学となってしまう。少なくともキリストの復活については、実存的な両義性の解消というような人間主義的な観点からは解釈されきれない契機が存しているといわねばならない。復活の第一義的意味は人類全体の罪の贖いのしるしということである。神と人との間の仲保者ということである。キリストの存在そのものがそうであるように、その復活こそ何かの象徴と解されてはならないであろう。「弟子や新約の著者の心においては十字架も復活も共に出来事であり、象徴でもある[13]」。"心において"ということだけでは不十分であろう。心においてという以前に出来事でなくてはならない。こういう意味では心において象徴とされた事実というものと人の心における事実に先立つ出来事というものとは二律背反であるともいえよう。

【注】
1) S. T. Vol 1 p.61
2) ibid, p.157
3) S. T. Vol 3 p.226
4) ibid, p.226

5） ibid, p.226
6） ibid, p.130
7） ibid, p.133
8） S. T. Vol 2 p.176
9） S. T. Vol 3 p.114 Vol 1 p.116 Vol 2 p.160
10） S. T. Vol 2 p.127
11） S. T. Vol 1 p.117　Vol 2 p.155
12） S. T. Vol 2 p.154
13） ibid, p.153

第3節　神と人との関わり方

（1）

　ガラテヤ 2,20 を見ていると、霊としての生が象徴というわけにはいかないであろう。キリストが霊として私の内に生きているということは象徴を超えたより現実的なことであろう。一方、神が霊だという陳述は霊としての生が神的生にとって包括的象徴であることを意味するという[1]。このことは厳密な意味での神のイニシアティブによる救済史のティリッヒにおける欠如を暗示している。霊としての生が象徴とされることによって、神が霊であるということがリアルでなくなるという結果を招くのである。人の働きを通して初めてリアルになるのではなくて、それ自体がリアルに働いているのである。啓示の経験において人の精神に現在である神の霊は歴史の中へ突入してくるが、人の霊は両義的だが神の霊は両義的でない生を創造するので、神の霊が人の霊の中へ入れば前者が後者をそれ自身から追い出すことを意味するという[2]。これによれば歴史の中へは経験という個人への啓示を経てである。むしろそれ自体としてすでに働いているものがそういうことにもなるということであろう。人の霊が両義的ということは、確かにそうであろう。だが逆にも考えられる。人の霊は罪と

死とによって制約されているので両義的ではない。一方、神の霊が人の心に入ってくると罪、死との争いが始まり両義的になってくるのである。神の霊自体は両義的でないものであろうが、人の霊は神の霊に対立する面があるので不可避的に両義的になる。聖なる両義さともいえよう。そのとおりであろう。神の霊が人の霊にとって代わるのである。もしこのように考えるのであれば、象徴というような考えになぜなるのか不可思議である。ところで、人への神の語りかけについて、それは外からであるが、この外は内外を超えているという[3]。こういう理解が神人間の霊的関係の成立している場合をいうとして、ガラテヤ2,20でのような主の霊による一元的支配をいってはいないように思われる。主の霊と人の霊とがなお二元的である。これでは不十分である。

さて、霊の現在の衝撃を通してのみ自己―隔離の殻は突き通され、また霊の現在にあっては究極的なものへの態度の徹底的変化という契機（moment）が必要であり、さらに、ローマ8,26に関連して、霊が霊に語りかけ、霊を識別するのだからここでは主―客の図式は超えられているという[4]。殻（shell）というのは自我のことではあるまいか。ただ、それが東洋的な自我崩壊というような考えへと展開してはいかないのであろう。自我がいわば忘れられた祈りは確かにこういうものであろう。何かを嘆願するとしてもそれは霊によっているのであるからである。また主―客の対照を超えた霊的衝撃と主観的衝撃とを混同してはならないともいう[5]。これは確かに重要なことであろう。自我崩壊が欠けているとそういう状況が生まれることであろう。本来的には目に見えるものに囚われない信仰は同時に目に見えないものにも囚われないのである。例えば悪の霊というものにも。これはしかしそういうものの存在を否定することではない。見えないものについては否定も肯定もしないのである。またそのどちらかにする必要も感じないのである。神を信じることは神と神に連なるもの以外のものに囚われないことである。悪霊の存在を信じたらそのときすでに人はそういう存在のいわば奴隷となるのである。イエス・キリストは霊的存在そのものといえる。人は彼を信じて霊的となる。　完全な形で入ってきている状況ではティリッヒのいうように恍惚ということで人の霊が自己自身から追い出される[6]ということであろうか。そういう状況では端的に人の霊とキリストの霊

とが取って代わってしまうのであるが、恍惚というのではそれまでの所から追い出された人の霊がどこか別の場所に存しているという印象を受けるのである。つまりここには人の霊と神の霊との二元的対立というものが残存してしまう。ガラテヤ 2,20 では後者が前者に取って代わっているのである。恍惚というのは神秘主義的印象になってしまう。自我が崩壊し後者が前者に代わって入ってきている場合、人の心はいわば中が空の器のごときものであって、そこへ神の霊が自由に出入りする状況である。心はこの世からいわば浮いているのである。浮いているからこそ現存するものの世界が具体的にどういう形状であろうとそういう形状からも心が自由である可能性が存しているのである。だからティリッヒのように生とその両義性について長々と分析したりする必要を感じないのではないかと思う。

　原初的啓示と依存的啓示とを区別している点にも出ているように、救済史的考え方をしている。一方、神の現在は超自然的な干渉に求められるべきではなく、実存的疎外の自己破壊的結果の克服をする新しい存在の力に求められるべきだという[7]。後者は人の現在の実存的次元のことをいい、前者は主として歴史的次元のことを指示すると思うが、こういう二者択一でよいのか。この点に関する限りティリッヒは実存論的考えに立っている。つまり双方の考えが統一されていないように思われる。その原因は自我崩壊という契機の欠如にあるであろう。つまり実存的終末（自我崩壊による）がくると同時に救済史的地平が開かれるという形で双方が一になっていないのである。信仰によって可視的世界に心が引っかからない状況では心が柔軟であるということだ。この柔軟さによって宇宙がどれほど広大であってもそれはいわば米粒一つと同じことである。伸縮自在の宇宙となっているのである。そうなっているのであればこの物質的世界に何の意味ありやという疑問が生じると同時に消えている。そういう世界の存在の意味を問うことはいわば神の存在の意味を問うのと同じことである。宇宙は無限なのだからその究極的意味を問うことは人には所詮無理なことなのである。アダムが神のように善悪を知ることに誘惑されて禁断の木の実を食べたのと同じことであろう。今、人に許されていることはキリストの啓示を信じることだけである。

新らしい存在とは実存の諸条件下での本来的存在、本質と実存との間のギャップを克服している存在であり、パウロは新しい被造物と呼ぶという[8]。これは疑問なしとはいかない。パウロのいう新しい存在とはそういう哲学的理解の対象になりうるようなものであろうか。肉の体があるのだから霊の体もあるであろうというごときものである。本質と実存との異質性から判断されるべきこととは異なっているであろう。神が被造物とは異質なように今は隠されているごときものである。ここで"実存の諸条件下"というが、新しい存在は今現在のそういう諸条件を突破しているところにこそ"新しい"という意味があるのである。そういう条件下というのであれば、新しいとはいえないであろう。そういう条件そのものが廃棄されるという含意があるのである。少なくとも終末後へと通じている、そういう新しい世界との共通性を有しているからこそ新しいのである。地的世界から霊的世界への突破において心はすでに霊的世界に生きているのである。ただ、身体は地的世界に今なお生きているのである。ティリッヒのいう両義的というのとどう異なるのかと思う。彼では霊はいわば地と同じ次元へと下りてきているのではないのか。霊は地と異次元なので同時に成立しているものであると思う。地が減る分だけ霊が増加するという関係ではない。こういう関係では霊は真の霊とはいえないであろう。地と対立するものはそれ自体基本的には地的なものであろう。

霊は今すでに心に宿ることによって全地に満ちているものなのである。決して部分的に入ってきているものではない。完全に入ってきていると同時に全く入ってきていないという不可思議な入り方で入ってきているのである。心に入った霊が全地に向かって自己を放射しているのである。しかし罪の現実という点を考えると、彼のいう両義性というようなことをいいうるのも事実であろう。霊と肉、罪との争いという事態は霊が入ってきて初めて生じうることであるから。ただ完全にきているということとこういう争いが生じているということとの二つの事態はまさに二即一の事態といえるであろう。地的世界を突破して霊的世界へ一度全く達しているということなしには争いは生じえないからである。霊的突破が実現した状況では、表現を変えると実存的終末が実現したということである。霊が人たる自己を突破したのである。その結果、霊と自己と

が相互に突破し合ったということである。霊が自己を突破し、自己は霊を突破したのだ。地を突破し、霊的世界の壁を突破してその中へ突入したのである。相互に突破し合うことによって霊と自己とは一体となったのである。こういう霊的突破という事態を通して自己は神的世界を味わうことを可能とせられるのである。パウロが「"霊"は一切のことを、神の深みさえも究めます。」（第一コリント 2,10）といっているようにである。いわば神のそばにいることになっているのである。不可視の神によっていわば取り囲まれているのである。

聖化は究極的なもの、聖なるものへの参与なしには不可能だが、その過程、人による自己との再結合の過程について、自己受容が自己高揚をも自己軽蔑をも克服しており、円熟した自己関係の創造として語りうるという[9]。霊的成熟に達するとこのようになるとされる。"自己―…"という表現の多いことに気付くのである。このことは自我崩壊の欠けていることを暗示しているのである。パウロは自己―関係とか自己が自己を受容するという具合に自己について語ってはいないであろう。キリストが彼の内で生きているのであり、そこにはもはや自己が入り込む余地はないのである。参与という表現はどうであろうか。自己が聖なるものへ参与している限り自己は依然として生きているのである。ガラテヤ 2,20 では自己が聖なるものへ参与するのではなくて、キリスト、聖なるものが自己へ参与しているのである。逆転しているのである。

無からの創造の教義について、創造の教義は昔起こったことの物語ではなく、神と世界との関係の基本的記述であり、神がそこから創造する無は非弁証法的な存在の否定であるという[10]。これによると救済史的ではないように思われる。ここでは実存の方が勝っているようである。つまり対象と主体とが一如になっていない限り、あるときは前者すなわち救済史的考え方の方へぶれ、またあるときは後者すなわち実存の方へぶれるのである。先の引用にあるような二者択一で考えること自体が正しくないのである。歴史を平板化してその最初として創造物語を置くのも、反対に神と世界の関係の記述として比ゆ的に解するのも共に正しくはないのである。現時点において開かれた信仰の場において成立している地平として受け取らねばならない。かくて象徴という意味合いも持ってきはするであろう。しかし単に象徴ということになると、現実の世界の重みが

消えてくるであろう。象徴となると、他者としての神が世界に関与するという契機が欠けてくるであろう。象徴を人が理解して活動し、そのことを通して神の力や意志が人間的世界に入るとするのは人間主義化されており、真の意味で救済史的ではない。

人が命の木から食べうる限り不死性を持つという考えは象徴的であり、堕罪が人の細胞の構造を変えたという考えは馬鹿げているという[11]。直解は正しくないとしている。だが聖書の記者は字義どおりの意味合いで書いたのではないかと思う。そういう点をもう少し正しく汲んで理解する必要があるであろう。確かに命の木というものは地上のどこにも存しないであろう。細胞を堕罪が変えたと考えるのはもとより正しくないとしても、こういう物語をより現実的に受け取るべきではなかろうか。直解もティリッヒの考えも共に正しくはないのではないのか。共に人の自我が先行しているのではないのか。堕罪前のアダムと呪い前の自然とは現実の状態ではなく、超歴史的な状態であるという[12]。神話と科学との未分化という状況は彼の考えと合致しないことはないのか。少なくともパウロはそうは解していないと思う。彼のように考えると、死はもともと存していたことになり現実的な罪の罰ということではなくなる。そうなってしまうと罪なき者は死なないということも崩れてしまう。聖書の根本が崩壊してしまう。アダムの物語は神話といえば神話だが、神のみ知っている領域のことを人に知らせているわけで啓示に属している。かくて人の論理では説明しきれないのである。こういう状況と関連して思うことは、霊的世界が可視的世界よりより基本的だということである。かくて霊的世界は可視的世界へ現れて、再び霊的世界へと帰っていくのである。

　キリストとの霊的一体という点から聖書を理解するとすれば、まずそうする当人は霊的一体ということによって、この地上的在り方から引き離されている。そういういわば宙に浮いている状況にある。つまり地上のことに心はもはや引っかかってはいない。ティリッヒの考えはこういう霊的在り方の欠如から聖書理解がなされた結果であるように思われる。あくまで地上に立脚しているようである。このことは自我崩壊が実現していないことと呼応しているのである。アダムの物語は真のグノーシスに属すこととして存しているのである。宗

教的リアリティは地上に密着したそれではなくて、より高次のそれである。アダムの話もそういう次元のものとして解さねばならない。「この世の有様は過ぎ去るからです。」(第一コリント7,31)。

　エデンの楽園の話を超歴史的な、現実の存在に先立つ夢みる無垢の状態として解釈でき、また無垢の楽園では潜在的な霊はあるが、現実的なそれはなく、堕落前のアダムは現実化された霊の状態の前にあるという[13]。こういう解釈でよいものなのか。神話と歴史との未分化という状況で書かれたことを考えてみると、少なくともティリッヒの考えよりも歴史的、現実的性格が強かったであろう。現代の立場からの読み込みをしてはならないであろう。キリスト信仰の心にあっては彼のいう夢みる無垢（dreaming innocence）という心境に今あるのではないかと思う。より高次のリアリティにあり、地上密着ではないのであるから。このことと夢みる無垢とは呼応している事態であろう。命の息を吹き入れられて生きる者となったとされている（創世記2,7）のに、先のように考えてよいのか。神学的思索はもはや地上密着的ではありえない。しかし反対にまだ全く天上的でもありえないであろう。両者の中間にあるというのが基本的スタンスである。

　ティリッヒの考えではあまりにも地上密着的である。アダムについての見解にもこういう点は現れている。直解的なのは正しくないというのはよいが、反対に象徴と考えるのもその反動として地上密着的となってしまう。思索が、つまり心が地上に密着しているのでこういう考えになるのであろう。ということは当人のいのちが地上にまだ存していることを示している。もしすでに地上から離れていれば、何かに地上において、地上においてのみ通用するのとは別の面があったとしても、それ自体としてのリアリティを否定することはないであろう。例えば必ずしも 1 + 1 = 2 とならなくてもよいであろう。3になっても5になってもよいのである。人の自然的知性を超えたことが生きている、生きうる世界なのである。かくてアダムについてもそれを単に超自然的とせずに歴史的と受け取ることも、少なくともそうしうる可能性が生じてくるのである。むしろ地上において今妥当していることこそリアリティを失うこととなるし、またならねばならないであろう。さもなくば地上に妥当する論理と共に、また

地上そのものと共に人は滅ぶこととなるのである。

　信仰的思索はその信仰の立つ地平に立ったままでの思索の展開でなくてはならない。キリストの復活を考えただけでも分かるが、地上を離れた地平にあっては人間的論理はすべて廃棄されているのである。地上密着的思索をそれ自体として展開するのは無意味なことだが、地上から離れた地平に自らは立ってそこから地上へ向けて地上にある人間へ関わっていく過程としての思索の展開は必要、不可欠なことであろうし、また意味のあることであろう。こういう点から見ると、彼の考えはアダムの話にも出ているが、地上に立脚していてそこからアダムの物語を見ている印象である。だからその物語を超自然的としてしまうのである。この物語はいわば啓示として歴史の中へ入ってきているものである。つまり歴史内へ（intohistorical）なのである。超（trans）と感じるのは自己が歴史（history）の地平に立っているからであろう。自己がその超歴史的地平に立っていればそれを超歴史的とは感じないであろう。自己と同じ地平にあるものを超（trans）とは感じないであろうから。心が地上へと繋がれている、拘束されているからそのように感じるのであろう。

　ティリッヒではルター的な良心を場とした信仰の受け取り方になっている。ところでこの良心というものは人に属すものであり、地上密着的である。一方、パウロのように自我崩壊を前提としての信仰では霊は元来地上に存しているものではないので、キリスト者の心も地上に存してはいない。このように考えてみると、彼の考えが地上密着的なのは信仰理解がルター的であることよりきていることが分かる。キリストへの関わりがどうであるかがその後の思索の展開にとって決定的役割を果たしているのである。

【注】
1）　S. T. Vol 1 p.250
2）　S. T. Vol 3 p.112,113,140
3）　ibid, p.127
4）　ibid, p.192,220,261
5）　ibid, p.196
6）　S. T. Vol 3 p.117

7) S. T. Vol 2 p.161

8) ibid. p.118 以下 S. T. Vol 1 p.188,252　キリストの先在について、下降と上昇とは空間的比喩で、実存への服従と勝利における永遠の次元を示すという（S. T. Vol 2 p.160）。先在（pre-existence）ということを直解主義的に解することもないであろうが、"永遠の次元"というように抽象化してよいものか。直解主義の反動としてかえって根は同じところにあるのではあるまいか。その上、この世界は神によって創造されたものたることを思う時、先在のキリストということも、たとえ直解主義的に解したとしても、それほど見当違いをしているとも思われないのである。そういう理解の可能性を排除することはないであろうということである。こういう事柄に関して、新しい存在の客観的リアリティはそれへの主体的参与に先行するという（同 p.177）。これはどうかと思う。こういう考えはいわゆる救済史的考え方に連なるのであろう。パウロはダマスコ途上においてキリストに出会って初めて主の客観的リアリティも彼にとって存在を持ったのである。次に、義認について。まず更生と義認とは神的行いとして一だという（同 p.179）。さらに、双方のうちどちらが重視されるかは宗教的経験の相違によるという（同 p.177 以下）。ルター的に良心という場を前提としてキリストを受容するという信仰になっているので、どちらかを重視という結果になるのであろう。自我崩壊していれば双方は一となる。そういう相違を重大なこととして考える必要はなくなる。そして客観的出来事としての義認の主体的受容について受容されていることを受容せねばならぬとして、どんなに断片的であっても新しい存在は神と人との間の統一（一致）の状態であるという（同 p.178 以下）。これは客観的次元のものがいかにして主体化されるかという問題である。断片的ということは問題である。自我崩壊するとそうではないであろう。統一という事態は完全に実現される。ただその全面的実現は終末まで待つというだけである。ルターでは神への恐れが強く、一時キリストの許に逃れ安きを得ても、また再び恐れの心境へ逆戻りすることが生じるのであろう。そこで断片的という表現が適切であろうと推測されるのである。新しい存在について実存的経験より先にある（例えばS.T. Vol 2 p.80）というところに神による救済史が人間中心化されているところが現れている。客観的に見れば神による救済史は働いてはいるが、回心前は人は神へとは反対の方を向いているのであるから、そういう存在を前提しえないであろう。少なくとも西洋的信仰ではそうならざるをえないであろう。やはり人の義認が枢軸にならないと、仏教での仏性のような考え方になってしまう。こういう事態に対して、義認ということは決して人の内での変化を意味してはいないとせねばならない。確かにキリストの十字架による罪の贖いへの信仰において人は義認されるが、これ自体は何ら人の側での変化を意味してはいない。変化を意味すると結局それは人の側での業を意味することへと通じてしまうであろう。

9) S. T. Vol 3 p.234 以下, 235

10) S. T. Vol 1 p.188, 252
11) S. T. Vol 2 p.67
12) ibid, p.40 以下
13) ibid, p.33, 70 S. T. Vol 3 p.23

（2）
　永遠の生は神の内にある生であり、究極の成就では神が全てにおいて全てとなるというパウロの幻想（vision）とも一致し、この象徴を終末論的万有内神論（Pan-en-theism）と呼びうるという[1]。西田哲学でも同様のことがいわれている（西田幾多郎全集　全19巻　第11巻　1979 399頁　万有在神論）。そういうことにも関係すると思うが、超越的なことは内歴史的なことの内で現実的なので内歴史的な神の国の争いに参与せずしては神の国に達しないが、そういう歴史的過程について、永遠の生命における神は"焼く火"といわれ悪の現象は焼かれて消えるとし、さらに合法的に政府を排除することの成功は歴史の中での神の国の勝利を表すという[2]。かくて義と愛、神の本質と合わぬものは全て焼かれるのである。確かにそうであるが、終末を待たずにいわば先回りして焼く、焼かれないを決めようとしている姿勢が感じられる。自我崩壊の欠けた信仰であろう。また焼かれることは直ちに政治的、社会的なことを意味するのであろうか。いかなる人の活動も神の国へ直結はしないからである。パウロは「世の事にかかわっている人は、かかわりのない人のようにすべきです。」（第一コリント7,31）という。神の国を宣べ伝えるということが内歴史的なことの内で現実的になるところの超越的な神の国というものだと思う。政治的世界の中での民主的制度について先のようにいっているが、神の国とはこういうものに関連しているのであろうか。突如としてくるものではないのか。たとえどんなに外観的に人類の統合に寄与しているように見えてもそれは所詮問題である。ただ旧約を見ているとそういう考えも理解できなくはない面もあるであろう。彼もこういう考えのすぐ後で、神の国は順応主義にも非順応主義にも敵するといっている[3]。しかし問題なのはこういうあいまいさではなくて、根源的にいって人の努力によって作られたものが神の国と何らかの関わりがあると

いう考え方そのものである。無関係ではなかろうか。むしろ被造的世界の中へ上から縦に創造的光が差し込むことによって被造的世界の中の種々のものの根源的同一性がその光に属すものと属さぬものへと断ち切られる。それと同様にそういうことが生じる(大)前提として個々のものが個々のものとして相互の同一性、連関性から切り離される。そういう有の世界の出来事に応じてそれと一体になっている無の世界にも同様の事態がおきる。創造的光の前では有も無も消えるのである。

　神が人の働きを媒介にしてこういう方向へ人と歴史を導くのであろう。だが終末における"霊の体"は今はまだそのイメージが描けていない。「自然の命の体があるのですから、霊の体もあるわけです。」(第一コリント15,44)というのみである。そういうものがあるという確信があるのではない。それだけに神へのより深い信頼があることがうかがわれるのである。パウロのいう霊の体は今はそれがどういうものか分かっていない。定義できないままである。ティリッヒでは本質と実存との一致として知られているのである。この点の相違は大きい意味を持つ。今知っているのと今は知らないのとの相違である。人の究極の在り方を今知っているのに応じて、神についても今知っている結果になりはしないのか。たとえ象徴という仕方においてにしろ。「そのときには、顔と顔とを合わせて見ることになる。」(第一コリント13,12)ということではないであろう。今は部分的にしか知らないということではないであろう。つまり人の理、知性による自己完結性が貫徹されているということだ。これはもはやキリスト信仰ではない。霊の体においては本質と実存との一致ではなくて本質そのものが新しく与えられるのである。だからこそ今は知りえないのである。

　人について本質と実存とを分けて考えるとして、パウロでいえば心では神の律法をよいと分かっているというのが本質で、肢体には別の法則があるというのが実存に当たるのであろうか。彼では自我が崩壊しているので、律法を喜ぶ心はティリッヒでの本質的な自己のように自我性はもはや持ってはいないであろう。ティリッヒでは本質的な自己がルターでの良心にあたることとなろう。本質と実存とに分けたことがすでにルター的な信仰理解を反映したものであろう。聖書では元来人間を二分法的に理解はしていないのである。両者を一体的

なものとして受け取り、そしてそれらに対して啓示を対置しているのである。人の存在が本質と実存との間の両義性を持つとされるが、たとえそうでもそういう曖昧さという概念自体が人の頭で考え出されたものである以上、啓示さえもそういう概念性の中へはめ込まれてしまう。真実にはそういう関係が逆にならねばならないであろう。啓示は人の持つ概念さえも打ち砕くほどのものでなくてはならないであろう。

　思うに組織神学（Systematic Theology）というのはいわば形容矛盾であろう。非組織的神学（Unsystematic Theology）であるべきであろう。より正確には unsystematic Theo(logy) と logy をカッコに入れるほかないであろう。人が概念的に作り上げた体系の中へ神、キリストを収めるのであってはならない。逆であるべきなのである。人の概念を破るものこそ啓示なのだ。体系化されることによって啓示は脱啓示化されるのである。啓示の啓示たるゆえんは人の自律性を破ることだ。悪い意味でのそれはもとよりよい意味でのそれもである。例えばエデンの園での話を見ても、善悪を知ろうとしたことそれ自体は悪いことではあるまい。だがキリストがロゴスという考えにはギリシャ化の契機が入っている。つまり「ギリシャ人は知恵を探します」（第一コリント 1,22）とされるように、知恵を求めているのである。すなわち信仰が知恵化されているのである。人の知恵とされることによって啓示はそれ本来の力を失うのである。いわば去勢されるのである。こういう点からみると、unsystematic Theology であるべきだというよりも、あえていえば非組織化された神(学) desystematized Theo(logy) であるべきであろう。脱システム化されたというべきであろう。知恵化されてしまうと、人はそれを知恵として所有しうることとなる。しかし信仰では人が知恵（キリスト）によって所有されねばならないのである。逆転が必要である。知恵化するという態度自体がすでに主客関係を前提としている。人にとって有益なものにするということである。人が主であるという関係がある限り、全てのことは人にとって都合のよいものへと変えられてしまうのである。こういう点からみて、キリストがロゴスとされると、その時点でキリスト本来の、パウロに現れて「なぜ、わたしを迫害するのか」（使徒言行録 9,4）と問いかけたような力を失っているのである。人の自我を打破

する可能性を失ってしまう。本来のキリストはどのように考えてみてもロゴス化されえないようなものである。知恵化されることによって抽象化される。即ち非人格化される。先の問いかけのような赤裸々な人格性を失う。私と汝というような対話関係を失う。こういう関係では相手は自己化されてはいない。知恵化されると相手は自己化され、抽象化され、「それ」化され、脱人格化される。

　客観的、主体的両側面は切り離せないが、客観性にとっては主体的な現実化は二次的なことであるという[4]。客観的面を一次的としている。だが自我がキリストに取って代わられていると、主体的なことが一次的なこととなるであろう。いずれにしろ先の考えは、そういう点に関する限りでは、東洋的な無の思想とは異なっている。自我はどこまでも存している。かくて対象的思考になる。キリストと罪との交換というような考え方になるのであろう。パウロではただキリストが生きているのみである。キリストが生きているという一つの事実を分析していくと、啓示とか救いとかということが見えてくるということである。罪を自覚した良心は十字架の中に神の贖いの行為、すなわち疎外の破壊的結果を自己の上に引き受ける行為を見るという[5]。良心といわれている。これは自我の一つの形態と思うが、人間的な場を通して見られている。そういう場の中へ移されたものとして十字架は存している。十字架を外にある事実として端的に人間的潤色をせずにではない。

　神によって創造された子供は実存的疎外へと落ちるが、これが創造と堕罪との一致点だという[6]。アダムの物語を現実的に受け取るのは馬鹿げているとする考えに応じているのであろう。こうなると、超越的な神による救済史という側面は欠けてくるであろう。そして本質と実存との両義性から象徴的啓示による霊の働きを通して本質との一致を目指すことになるというのである。ところで両義的な生に関して、パウロのいうように世と自己とが相互的に死んでいることが信仰の不可欠の要素であるが、この点こそが問題である。逆に考えて、この世（両義的生はこの中にある）に対して全体的に死んでいれば生についてこういう詳細な分析をしていくこともあえて必要ではなくなるのである。

　両義性が信仰によって潜在的なものから顕在的なものになってくると考えるべきである。パウロにおいて回心後に初めて罪の意識が芽生えていることでも

第2章　P. ティリッヒ『組織神学』におけるキリスト教的宗教哲学　103

このことは分かる。これに対してティリッヒは信仰による霊は両義的ではないので現実に働きかけてそれを克服していくと考える。このように二通りに考えうるが、後者の考え方は彼自身の意図とは異なって人が身体的側面と精神的側面とを有し、前者を克服して後者へと帰一して永遠性に至ると考える神秘主義的考えに通じていくのではあるまいか。前者は啓示によるキリストを受容することを前面に出した考えといえまいか。また生の両義性というような考え方をすると、個というものが稀薄になりはしないのか。個には理性という面もあれば情念という面もある。それらが一体となって個が成り立っている。理性というものを特に取り上げることになると、全ての個体を貫いているのは理性であるから、理性という観点から個を見ることとなる。その結果、理性が個の中で支配的になるのがよいということとなろう。個体横断的に理性は超個体的なリアリティになっていくのである。ヘブル的考え方ではなくて、ギリシャ的考え方であろう。

　理性というものも各個体の中に個性的に存しているものであろう。理性だけは個体横断的に超個体的なものというわけにはいかないであろう。情念にしても各個体において個性的に存しているものであろう。各個体に共通的な人格的性格は勿論存しているであろうが、理性との関係においても各個体においてその具体的在り方は千差万別と考えるべきであろう。それにもかかわらず理性を共通的とする場合は、その理性は抽象的なものになっているのではないかと思う。理性を共通的とすることにおいて、そこではすでに個というものは基本的にいって消滅しているといえよう。各々の人の理性は各々個性的であって個性的に働くのである。このように考えてみると、個の消滅は、禅において無に現実には立脚する結果、個の消滅が生じるのに類似しているといえる。ある内容、つまり何らかの有、ここでは理性を個体横断的なものとして考えるか、あるいは無をそういうものとして考えるかの相違はあるが、こういう点では東洋的考えと西洋的考えとは共通した要素があるといえる。これらに対して聖書の背景になっているヘブル的考え方は異なっているであろう。個体横断的な何か──有であれ無であれ──を考えることと人格的個体を考えることとは二律背反ではないかと思う。人格的超越者たる神の呼びかけに対して応答する人格者としては

どうしても後者であらざるをえない。横断的な何かを考えることは応答する人格者という性格を弱めるだけのことであろう。個人の生と比較するとほかの全ては相対的に抽象的であるという[7]。現実的に考えるということで啓示を重んじる聖書の考えと合致すると思う。そうなると、一般的に本質と実存との両義性という観点から人を理解しようとするのは疑問となりはしないであろうか。心身二元論をとらないのであれば、当然そうなりはしないであろうか。

ところで、人は中心を持つ自己を所有しているという[8]。中心を持つ自己（centered self）というものが問題である。これは自我（悪い意味ではない）ではないのか。この個所の続きのところで、孤独の中で人は究極的なものの次元を経験する（in solitude man experiences the dimension of the ultimate）という。もしこういう究極的なものの次元の経験の仕方の一つとしてキリスト信仰もあると考えているのであれば、それは疑問であろう。なぜならパウロでのガラテヤ 2,20 などでキリストが自己の内で生きるというとき、自己と究極的なものとの対峙という状況は超えられていると思われるからである。中心を持つ自己が否定されているのである。そういうものが存しているのはパリサイ人としての時期であろう。また自己保存を達成するという基礎に基づいて人は所与の状況を超えうるという[9]。啓示というものはこういう自己をこそ突破していくものであろう。人に突破させるのであろう。いわば無から造られるのであるから。自己自身による自己超越ではこういう事態までは起こらないであろう。外的世界と自己とが一如にはならないであろうから。そのためには人の側にいかなる前提もあってはならないであろう。ティリッヒでは何らかの前提の上で問いと答えの関係の中へ啓示を入れて考えようとしているように感じられるのである。ただ霊は人格的中心を普遍的中心、信仰と愛とを可能とする超越的統一へ取り入れるという[10]。しかし啓示が象徴化されることに応じて、霊というものも人の例えば理性を通して働くのであろう。キリストの霊が直接に入ってきているのではないであろう。この点が問題である。取り入れる（take in）という表現では不十分である。これは万有内神論に呼応した考えであろう。自我崩壊は霊そのものが自己の殻を打破して闖入してくることを要求するのである。

人の自由について、本質から実存への移行が悲劇的性格を持つという事態は、普遍的存在がいかに人の存在に関係するか、堕罪についていかに人は自然に関連しているか、宇宙が堕罪に参与しているのなら創造と堕罪との関係如何などの問を不可避とするという[11]。これら全てを人の知的理解に合うように辻褄あわせをしようとすること自体を捨てることが要求されはしないのか。聖書はそういうことはしていないのではないのか。そういう必要を感じる根源を断ち切ることが不可欠である。さもないと際限なく仮説の上に仮説を重ねていくだけのことであろう。究極の運命についての不確かさの上に逆説的に永遠なものへの回帰を確信する瞬間があるが、反対に永遠の死の脅迫も回帰の安全も否定されねばならぬという[12]。自我が否定されていないので、回帰の確信は瞬間的次元に留まっているのであろう。そういう否定が実現すると、かえって回帰の安全というところまで達するのではなかろうか。「キリストから離され、神から見捨てられた者となってもよいとさえ思っています。」（ローマ9,3）とまでパウロはいっている。神の義と愛への信仰がそういう事態を可能としている。こういう信仰において自我が捨てられているので、自己への心配をしない。そこでかえって回帰への安全という事態が可能となっている。"自己"の運命よりも神の義と愛が優先しているのである。

そういう点から見ると、人の生活の中で霊への参与の始まりとしての瞬間というものは存在しないという[13]が、それでよいのかと思う。自我崩壊がこういう瞬間を指示しているであろうからである。

【注】
1) S. T. Vol 3 p.421 以下
2) ibid, p.389,392,399
3) ibid, p.389
4) ibid, p.134 代償を参与で置き換えると客観的、主体的両面のバランスの取れたあがないの教義となるという（S. T.Vol 2 p.173）。だが真のバランスは自我崩壊によるしかないであろう。自我がある以上、二元的であり、その限りどちらかを重視することが避けえないからである。実存的世界とその外の世界はそれぞれ主体的、客観的ということに対応しているのである。

5）S. T. Vol 2 p.175
6）ibid, p.44
7）S. T. Vol 1 p.16
8）S. T. Vol 2 p.71 もっとも、人は自己を完全に所有していればこそ完全に降伏しうるともいう（S. T. Vol 1 p.133）。そのとおりであろう。完全な降伏ということであれば取り入れるというような事態ではすまないのではあるまいか。その辺をもっと深く考えてみてはどうかと感じられるのである。キリスト者はその存在全体が神の霊の宮となっている。そこで体にしろ、心にしろ、それが弱くなる時には霊の力が逆に強くなってくる。反対にそれらが強い時には霊の力はその分少ししか働かない。こういう事情があるので、パウロもいうように「わたしは弱い時にこそ強いからです。」（第二コリント 12,10）ということになるのである。そこでまた非常時のようなとき人の力は弱体化しているが、そういうときにはかえって人はその内に生きている霊のゆえに強いこととなるのである。
9）S. T. Vol 1 p.181
10）S. T. Vol 3 p.269
11）S. T. Vol 2 p.40
12）S. T. Vol 3 p.416
13）ibid, p.218

第3章

エックハルトにおける神秘主義
―禅的思想と対比しつつ―

第1節　神と人との接触の前提

（1）

　禅では一般にエックハルトは高く評価されているので、本稿では彼と西谷啓治の考えとを対比しつつ考えていきたいと思う。なお本文中例えば(B1・21)は Meister Eckharts Predigten Bde 1(1986),2(1988),5(1987)のうちの第一巻21頁の意であり、また(7・235)は西谷啓治著作集全26巻(1990〜1996)のうちの第7巻235頁の意である。

　内的なものの重視についてだが、「魂は全ての知識を自己の内に自然に所有しているとプラトンはいっている。」(B2・674)。プラトン的に考えている。魂は身体を自己自身の内に、身体が魂を含む以上に、保っているのである(B1・497)[1]。魂優先を感じさせるのである。精神と身体とが一体的というのではない。魂の諸能力は内的になればなるほどより神的に、より完全なものになる[2]。内的なものほど神的なのである。

　さらに、我々の内にある神の種は神へと成長し、その果実は神の本性と同一になるであろう(例えば第一ヨハネ 3,9)(B5・499)。具体的には何をさすのか。神は理性であるから、その宮である理性以外のどこにもより本来的に住んで

はいない(B1・464)。理性と神との結びつきの深さが分かる。西谷にとっても、霊の最高能力としての理性(7・27)、神を次第に純粋に映し神との一が益々一になるのが理性の作用である(7・18)。霊が人間内在的なことを暗示しているのではないのか。聖書では霊は理性を超えているのではないのか。理性を重視しているが、キリストの受肉、復活などは理性にとってはつまずきである。かくてキリスト信仰にとっては理性をもその内に含んだ自我の崩壊が不可欠である。エックハルトでは理性の尊重ということがあるので、霊という場合も本来のキリストの霊とは異質であると思う。したがって神の誕生というときの神も啓示の神とは異質であろう。理性ということをいうので禅の人には受け入れやすいのであろう。魂の先端において神性に接するというような体験的なことをいうのは自我のなせる業であろう。イエス・キリストが世に出現する前に神の許にいるとか、地上に現れたとか、終末に再臨するとかというようなことは純粋に信ずることの対象になることであって、現在の人間の体験に入ってくる可能性のあることではない。そこでエックハルトにおいて神性に接するというごとき体験的なことを重視する禅の人がいるとすればそれは取りも直さず、その禅の人においてキリスト信仰的意味では自我が放棄されていないことの証しであろう。

　魂の被造的本性を超えている何かが存している(B2・654)。そうだからこそそこには物事における区別を超えた統一(Einheit)というものがあるのである[3]。この引用の少し前で千マイル離れたものも、今私が立っている場所も同じように私に近いという。そのように区別を超えたところがある。禅に似ている。意志と理性の関係についてだが、理性は意志に先行して、意志が愛するものを意志に知らせるので、人が理性を持つ時は人は理性を愛し、欲望は脱落する(B2・704)。主知主義的なのであろう。知的側面が重く見られている。キリストを信ずる場合には意志が先行するのではないのか。理性ではキリストを信ぜよという判断は出てこないであろう。むしろアレオパゴスでのパウロの説教でも、ある者はあざ笑い、ある者は「いずれまた聞かせてもらうことにしよう」(使徒言行録17,32)といったのである。理性は魂の頭であり、認識と理性とはまっすぐ神へと上っていくが、愛は愛するものへと向かう(B2・706)。ここで

第3章　エックハルトにおける神秘主義 ―禅的思想と対比しつつ―　109

も理性が優先している。内へ向かって働く理性がより強く、微細になればなるほど理性が認識するものは益々理性と統合され、それと一になる(B1・465)。"内へ"とは内的な神と結びつくという方向である。"理性が認識するもの"としては神が考えられよう。理性はいつも人の内面で神的となるので神ほど理性に固有で、現在的で近いものはない(B5・529)[4]。パウロのダマスコ途上でのキリスト顕現では単に内面に現れたのではない。神ではなくてキリストとして内外同時であった。内へ向くと同時に外へ向いているのである。両方向は二律背反的だが一になっているのである。理性は存在の中へと高まり、神を純粋な存在であるがままに受け入れ、自らの中へ取り入れる(B2・677)。神を存在としている。

ルカ 14,20 について、「魂が理性と共に真っ直ぐに神のところへ上って行く時に魂は夫であり一つであり二つではない。」(B1・511)、「理性は魂の最上の部分である。」(B2・697)[5]。一方、意志は「ただ外へ向いている。即ちその衝動をただ外へと向けている。」(B2・698)。「魂の最も内的で最も上位の部分がどのように神の子と、天の父のひざと心とにおける神の子の生成とを汲み取り、受け取って」(B5・488)とあるように、神の子の生成を理性が受け取るという。「神は世界と全ての自然とを創った、神が魂の中で誕生し、そして魂が再び神の中で誕生するように。永遠の言葉は内的に魂の中心において理性において語られる。」(B2・679)といい、神と魂との相互誕生をいっている。しかも理性においてとしている。魂からの最初の突発である理性の後に意志が従う(B2・698)とあるように意志は後からである。そして理性は、神がいかなる名前も持っていないところに神を欲するので、神が聖霊である限り、また子である限り、神を得ようと努めはしない(B2・643)。名前なしの神[6]がより根源的なのであろう。

魂が非被造性との合一へ到達する時、魂はその名前を失うが、神はそういう魂を自己の中へと引き入れる結果、魂は自己自身において否定される(B5・545)とあるように、魂は名前を失う。パウロでは終末の世界においても霊の体が存している。その限り個というものが存しており、かくて名前もまた生きていることであろう。ここでは魂の個別性が消えている。おそらくこういう世界

にあってのことであろうが、全ての物はこの世界の中にあるよりは魂である理性の世界において計り難くより高貴である(B1・497)。現実の世界の中にあるのと比較してであろう。このことはつまり現実界より理性の世界の方によりリアリティをおいていることの反映であろう。プラトニズム的でイデア界の方に真実を求めているのである。こういう考えは基本的にいって世界が神の創造によるという考えとは異なる。内面性の重視という点で禅と一致する。もっとも、創世記1,21以下について「生けるものはその生命に関しては非被造的であり、創造不可能なものである[7]。」といっているように単に理性重視ではないのであるが。

「全被造物は共に神を表現しえない。なぜならそれらは神がそれであるところのものに対して受容力がないからである。魂の中には最も粗い物を分離させる力がある、そして神と統一される。これが魂の火花である。」(B1・506)。この少し後で「神によって創られたところの魂の火花」(B1・506)という。火花は造られたものとなっている。「創造されたのではなく、創造されえないところの魂の中にある光について時々語ってきた。この光は、それがそれと存在の統一の中にある何らかの魂の力との統一よりも、より多くの神との統一を持っている。」(B2・713)。魂の中にはこのように非被造的なものがあるのである。こういう光は西谷も取り上げている(7・43)。これは聖書とは異なる。霊自体は非被造的かもしれないが、キリストを信じて初めて生まれるのである。

　理性重視についてだが、理性の火花は魂の中での頭であり、夫であるが、我々はキリストから賜物を求めていたところの婦人について読む(ヨハネ4,7:15)(B2・676)。夫とは理性のことで、これが死んでいると悪い状態なのである。以前の五人の夫とは五官のことと考えているようである。この火花という考えは神が我々自身以上に我々に近いという考えと相通じているのであろう。火花は神の存在の中に存しており、神は魂にいつも新たに自己を持続的な生成において与える(B1・511)。また火花について「魂の最も外の周辺にあるところの理性」(同510)といっているので、火花は理性と深く関係しているのである。「神的光が魂の中へと注がれる時、魂は神と一つにされる、光が光と一つにされるように。その時それは信仰の光といわれる。魂がその感覚や力では入って行け

第3章　エックハルトにおける神秘主義 ―禅的思想と対比しつつ―　*111*

ぬところへ信仰は魂を連れて行く。」(B2・662)。

　神的光は益々魂の諸力を照らすために、正午になるまで魂の中で上る(B1・505)。小さい火花、全ての火のようなものの正しい真の父である天は父母兄弟姉妹を地上で捨てるのみではなく、自己自身をも否定する(B5・482)。この光は父、子、聖霊の区別が見えてはいない荒野、単純な根底へ入って行こうとするので、その光はそれ自身においてあるより以上に内的である(B2・713)。こういうところで初めて魂の中の非被造的な光は満足するのである。魂の火花が純粋に神の中で把握されれば"夫"は生きており、子が誕生するが、この誕生は時を超え、ここもなく今もなく自然もなく思考もないところの遠くで生ずる(B2・677)。夫とは理性のこと(同676)。子とは神の子なのでキリストと同じものに自分もなるということであろうか。もしそうなら罪の贖い主としてのキリストは不要となってしまう。異端ということになってしまう。

　西谷にとっては、神性の無の内へは霊は非被造的な「閃光」、「能動的理性」としてのみ入りうるのであり、霊が肉化の極において神性の無に立ち神と同本質なる限りその霊の本質は神にとっても知られず、そこに霊自身が一個の神になるのである(7・67)。こういう解釈ができるということであろう。

【注】
1)　H. Ebeling: Meister Eckharts Mystik 1966 魂はより高い原理として身体の個々の部分の中にあるが、それは全魂としてであって、分割されたそれとしてではないと考えられている (p.125)。
2)　キリスト教神秘主義著作集7 1993 エックハルト ヨハネ福音書注解 p.204
3)　J. Bach: Meister Eckhart 1964 被造物、精神にとっては時、空間を超えた統一の内に安らぎがあるとされる。だが、キリスト信仰ではキリストによって激しく動かされることと安らうこととが一になっているのである (p.145)。恩寵は人格的関係としてではなくて、超自然的で実体的な神性を保持していると受け止められている (p.298)。
4)　H. Ebeling; ibid, p.309 以下　高い理性の部分は神、キリストの助けによってのみ成立するとしても、神の像を自らの中に持っているとされている。
5)　ibid; 知性と魂との関係であるが、前者は後者の中にありはするが、非被造的であるとされ、魂の部分ではないとされる (p.311)。魂の中において知性の最高のところに非被造的な、いわば光を想定するような考え方は聖書に即しているのであろうか。

6) J. Bach; ibid; P.37 以下
7) キリスト教神秘主義著作集　同 7　エックハルト　創世記注解　p.59

（2）

　恩寵については例えば「魂の内には理性や意志という力がそこで突発するところのもののずっと上に存しているところの何かが存している。魂がその根底において何であるかについては誰も何も知らない。それは恩寵からでなければならぬ。」(B1・457)。魂の内には人の知りえぬその根底があるのである。恩寵によって知りうるのである。また理性、意志のさらに上にあるところのものが魂の内にはあるという。

　こういう恩寵が霊に与えられて、霊は神の内に入り、さらに神の内を突破して神を超えた神性の内で恩寵そのものとなる(7・109)。神を突破する、神性を神から分ける、これらの考えは聖書とは明らかに異質である。我々人間には神については今はおぼろげにしか知らされてはいない。突破するもしないもないのである。知らされていないものについてであるから。
「聖パウロは『私は神の恩寵によって私があるところの全てである』というが、恩寵がその業を完成したときには、パウロは彼が（その前に）あったところのものと変わらない。」(B1・184)（7・112以下）。恩寵の作用が完成した時にはパウロは依然として以前のパウロとして留まるといわれている。パウロはしかし救済史の中で働いているのであり、そういう観点が抜け落ちているのではないのか。

　「神を見ようとする者は光と恩寵とにおいて大とならねばならぬ。」というエックハルトの言葉が引かれている(7・81)。神を見るということが考えられている。神を見ることは避けねばならないのである（出エジプト 19,21)という考えとは全く異なっているのである。

　エックハルトでは、恩寵による徳の働きを通して実践的知性による認識を主張し、そういう認識を鏡を通して光の内で行われる神認識と呼んだ[1]とされている。超越した神の認識のされ方についてである。
「私の本質的な存在は神の上にある、我々が神を被造物の根源として把握する

限り。私は永遠である私の存在によれば私自身の原因である。私の非誕生という仕方によれば私は死にえない。私が存しないならば神もまた存しないであろう。」(B2・730)。こういう彼の考えについては西谷も取り上げている(7・71)。被造物の源としての神を超えた自己の非存在的存在をいっている。しかし現実的に考えると自己の存在はこの地上に生まれたとき以来存しているのであり、いわば内面的操作を通じて神性というところにまで考えを及ぼして、そこに非存在的存在[2]として存していたとするのはキリストにおける啓示を媒介とする限りは不可能なことであろう。キリストを信ずることは不要となるであろう。被造物に対している神の上に私は居るとしているが、心身を含めて自己は被造物であることを思えばそういうことは思いつきえないことであろう。根本的前提が異なっているように思われる。ただ禅の立場からすると、この身体に生きているままで究極的なところまで至ろうとするので、こういう考えに共鳴しやすいのであろう。

　こういう点に関係するが、エックハルトの「なぜなし」の業の立場が空にして能作するという立場と同じものである(7・101)。禅の立場に近づいているのであろう。彼自身「一人の真人」という言葉を使っている(7・101)。さらに、生命が無理由であることについてだが、生命に対していかにより高きところに理由が定立せられようとも、生命はそのより高き所にその理由を生き、自らを無理由にするのである(1・14)。禅での遊戯ということに類似のモチーフとも考えられよう。しかしこれはそれだけで見れば「人格的内容」的なことを何もいっているわけではない。パウロの場合はさらに内容が入っているといえよう。というよりもそういう内容が入ることによって初めてそうなっているのである。つまり無理由に生きるということが実現していると考えられるのである。パウロのガラテヤ2,20の表白はこういうことであろう。キリストが生きることが即無理由なのである。先のなぜなしの立場が同時に自己を滅した立場として「愛にはいかなるなぜもなし」という言葉を取り上げている(7・101)。思うにエックハルトの場合には基本は何といってもキリスト教で神を信ずるということがあるので愛ということが出てくるが、禅では必ずしもそうはならないのではないかと懸念されるのである。愛ということが出てくることと自己の罪と

いうことが自覚されることとは同一事態の両面であろう。そしてこれら両面が出てくることと信仰の救済史的性格ということとが一のことなのである。なぜということなしの一方的強調はこういう性格の欠如を反映しているように思われる。心が啓示という現実的外へと向いていないのである。このような点は意志についての考えにも出ている。「神は意志をむしろ自由の中に置く。意志が、神自身がそれであり自由自身がそれであるところのもの以外の何ものをも欲さないように。」(B2・652)といわれているが、救済史的意味であれば神の意志と人のそれとの一ということはいいうると思う。しかしこのことは現在の時点において神の意志と人の意志とが完全に一であることではない。神から賜った使命を果たすことにおいての意志にあっては両者が一であるとの意である。先の意志の自由という考えは義ということとも関連している (B2・650) であろう。

　意志についてだが、「意志がいかなる自我—制限もなく、そしてそれが自らをあきらめている、そして神の意志の中へと形成され (hineinbilden — formen) ている時に、意志は完全で正しいのである。」(B5・514)。こういう場合には「神のみを本当に求めているものは神を見いだす。決して神のみを見いだすのではない。なぜなら神が示しうるところの全てを彼は神と共に見いだすからである。」(B2・642) ということが可能になる。また「キリストから離され、神から見捨てられた者となってもよい」(ローマ 9,3) について「神から離されることが長くなればなるほどそれは神にとっては好ましい」(B2・754) と書いている。神の義のための苦しみだからである。この聖句についてはさらに「よき人の意志は神の意志と全く一であり、それが彼の害であり彼の却罰であるとしても。かくて聖パウロは彼が神のため、神の意志のため、神の名誉のために神から引き離されるよう望んだ。」(B5・477)。しかし意志が神のそれと一といってもローマ 7 章のようなことは避け難いのである。だから使命という点での一といいうるであろう。神から引き離されても同胞への思いは強いのである。かくて同胞への執着は強いと考えられる。エックハルトのいうこととは逆とも考えられよう。しかも同胞への思いは彼の、即ち神の救済史的計画への思いでもあることは大切である。単に同胞の救いに固執しているのではない。そういう意味で救済史的計画における神とパウロとの意志は一致していて一で

あるといえよう。これはエックハルトの場合とは内容が異なるといえる。さらに同じ聖句について、「彼は神を神のために捨てた。そして神が彼にとって残った。彼に受け取られる、あるいは得られるという仕方ではなくて、神が神自身においてそれであるところの存在性において。」(B1・477)。大変重要なことをいっていると思う。こういう捨て方をする前に彼が受け取りえた全てを捨てたということであろう。しかしパウロは神のために神を捨てたとはいっていない。同胞のためなら自己を捨てるとの意である。決してどこにも神を捨てるというモチーフは見られない。つまり人類の救いのためにキリストが死んだように同胞の救いのために自分は滅びてもよいとの意である。

　意志の尊重についてだが、「行おうとすること(wollen)と、私がそれをできる限り行ったということとは神の前では同じである」(B5・514)。それだけに「意志の放棄以外の何物も人を真の人間にすることはない」(B5・516)というごとく人独自の意志の放棄が大切となる。こういう考えの背景として魂が自己を憎むべき理由として三つを挙げている(B1・497)。魂は私のものであって神のものではない。次に私の魂は神の中に置かれてはいない。さらに神は全く魂の上にある。これは確かにそのとおりであろう。

　次に、心の貧しさについて、「永遠と神への欲求を持つ限りあなたがたは貧しくはない。何をも意欲せず、欲望もしない者のみが貧しい人間であるから」(B2・728)。そして貧しさの極致については、「神が魂の中で働こうとする限り、神自身がそこで働こうとする場所であるほどに人間が神や全ての彼の業から自由である」(B2・730)ということを挙げている。確かにそれはそうであるといえよう。しかしパウロなどは強烈に神の意志を満たそうとしているのではないのか。神は人の心身全体を使役するのである。罪をさえも使役しているともいえよう。彼はここでエックハルトのいうところを通り過ぎてその先のところに居るといえよう。こういう仕方での貧しさの強調は禅での無の強調と似ているといえよう。こういうことに関連しては、「たとえそれが何であれ全てのことを、大きくとも小さくとも、愛しかろうと苦しかろうと、神から同じ物として受け取るところの人々は正しい」(B1・452)。自己固有の意志がなければ全てを同じように受け取るとされる。結局「人は意欲、欲求を神のよき、愛すべき意志

の中へと全く脱皮さす(Entwerten)ことの内に全ての彼のものと共に自らを置きいれるべきである」(B5・531)ということが大切となる。

「神の為に全ての物を断念しうるであろう人が正しい天国を持つであろう」(B5・536)。これが最良の人という。また「魂が被造物をより少なく持てば持つほど神と一になり、神の中を見、神は魂の中を見る。聖パウロがいうように像の中、上へ向けて形造られて、顔と顔とを合わせて見るように。」(B5・482)、「あなたが神に自己を捧げれば捧げるほど、それに答えてますます神は自己をあなたに与える」(B2・648)。被造物から離れれば離れるほど魂は神に対して純粋になるのである。聖書では、この世にあるものでそれ自体として汚れたものはないといわれている(ローマ14,14)。時と場合にもよるが、ここまで徹底して退けてよいのかと思う。神秘主義、ギリシャ思想が入っているからであろう。救済史的使命の中に自己の生命がある場合はそれは同時にこの世界を包んでいるので、このように極端な仕方で退ける必要はないであろう。

エックハルトでの浄化(外的表象から魂を清め自己自身へ集中する)ということと啓示に対して人の判断を差し挟まずに信ずることにおける人の側にある種々の前提、条件、基準をすべて脱落さすこととは異質ではないのか。浄化では外的世界への神の啓示も人の心の内へ表象として入ってくるものの一つなので、それからも自由になり、浄化されねばならないであろう。脱落では啓示に対応するときには人が自己の魂を浄化して上へ上るというごとき考え方をも脱落させることが要求されてくるのである。浄化と脱落とは二律背反の面もあるといえよう。

雑多な表象から自由になった自己はそういう制約から脱し自由に自己に合った表象を生み出すことができることになる。そこに神の誕生ということも可能になるのである。しかしこの誕生はあくまで自己が生んだという性格のものといえよう。神が誕生したともいえようけれども。ここでは神とか自己とかの区別もない境地であろう。しかし人の内面において神を見ることが許されるのかという問題がある。「この人を見よ」という事態はそうではないことを示す。肉の体で生きている人の内面をいくら探してみても他者なる神を見いだしえないのである。可能であれば啓示は不要であろう。たとえどんなに純化されても

自我というものは他者なる神の啓示受容には障害となるのである。"純化されても"ではなくて、反対にそういうものこそまさに障害になるのである。エックハルトでは自我の自己完結性が雑多な表象からの解放により追求され満たされている[3]。いわば純粋自我—禅でいえば大我に当たるであろう—において。これは一種の自己絶対化であって、アダムが禁断の木の実をあえて取って食べたことにも比しうるものである。イエス・キリストという啓示を備えられているのにそれを差し置いて肉の身体のままで神を見ることを願うのであるから。たとえ純粋自我に至ったとしても被造物たる人が神を生んだりできるはずはないのである。本末転倒とはまさにこのことである。被造物が創造者を生むなど笑止である。その上、神はキリストという啓示を備えて、それを信ずべき道を人の為に備えられたのだから、直接人の心の中に子を生むことはされないのである。もし個々の人の中に神の子を生むのが神の意志であれば、イエス・キリストの啓示は無意味となってしまうであろう。両者は二者択一である。

　神の根底にまで至っていれば究極まで今すでに至っていることを意味する。このことによって世界は自己にとって別のものではなくて自己化されているといえる。その結果たとえ世界が神の被造物であるとしても世界はそういうものとしての重みをもはや持ってはいない。こういうところでは自己にとって外の世界というものはもはや存在していないといってよい。一方、キリスト信仰では今究極までは至っていないので人は救済史的途上に置かれている。そこで世界は神の被造物としての重みを持っている。滅びるものが滅びないものへと変えられるというような見方があってこそ重みを持ってくるといえよう。アダムの堕罪以来の人の罪の重みと二重映しの重みである。今の段階ではキリストを通してしか世界の全ては我々のものにはならないのである。そういう事態はまだ全的には顕になってはいない。実現していないのである。そこで先の場合と違い自己と世界とは別であって自己の外の世界が存在しているのである。外の世界の存在は人がまだ完全には救われていないことを示している。事実ローマ7,7以下のように救われていない現実が存しているのである。エックハルトで神を一として観念しえていることもこういう事態と逆対応的に関連していると思う。

「全ての被造物は純粋な無である。いかなる存在も持たないものは無である。」(B1・444)[4]。それ自体として存在を持たないものは無である。なおエックハルトでは被造物とは原則として物体である[5]。このように絶対他者としての神の存在しない世界では結局人は自己にしろ世界にしろ所詮外の世界というものは存在しない世界の中で生きているのではないのか。エデンの園でアダムは神に"あなたはどこにいるのか"と呼びかけられているが、そういうことが生じて初めて自己にとって外の世界が存在することになるのではないのか。自己と世界との両方から呼び出されているわけである。こうして初めて自己は神という非被造的存在と同じ地平に立つことになる。したがって被造的世界は自己にとって外の世界となるのである。これに対してエックハルトでは外からの神の呼びかけはない。その限り世界は自己にとって所詮外の世界ではないのである。自己と共通な根底の上に立っている存在である。無の根底に立っているという点で共通である。

　被造物の虚無性は神の虚無化と一にして初めて自覚されるとの理解もある[6][7]。人についてその自然的存在という面については確かにそうであろう。しかし人格的存在でもあるので、そういう面については神が虚無化されると人が罪に堕するという面よりの虚無化は除去されることになる。こういう二面が存している。したがって両面のうちどちらの事柄を重視するかによって人の虚無化の性質や程度も異なってくるのである。前者の面、つまり生死という問題についていえば、人は自分の努力によってそういう虚無化をたとえば禅での空の立場のように積極的なものへと転化できるであろう。その限りそこに虚無があるとは思われない。その点後者の面では、人の罪は人の努力ではどうしても積極的なものへと転化しえないものである。他者なる神の力によってしか解決しえないものである。このように人の力によっては積極的なものへと転化できないものが入ってきているところにこそ虚無があるといえよう。こういう点から見ると、生死の問題においては虚無の問題は生じてきていないといえよう。ただ罪の問題では虚無が生ずるとはいっても、律法抜きではむさぼりなるものを知らなかったであろう(ローマ7,7)ということにもなる。かくてここでは神の存在こそ罪の虚無性を際立たせるものである。そして罪から死がきたという告白にお

第3章　エックハルトにおける神秘主義 ―禅的思想と対比しつつ―　*119*

いて頂点に達するといえよう。生死では人の虚無化は神の虚無化において自覚されるが、罪の場合は逆で神の存在こそ罪の虚無性を自覚させるのである。そこで神と自己との区別の感覚が稀薄になるほど罪という側面が弱くなる。それだけキリスト教と禅とが近くなる結果を伴う。「私が私の第一原因の内に立っていた時、私はいかなる神をももたなかった。」(B1・181)という言葉が引かれる場合もあるが、他者なる神はそもそも欠けた世界なのである。全てが神によって創造されたとの考えとも一致しない。たとえどれほど人が被造的なものから逃れても、そのつもりであっても肉の体で生きている以上、被造性を全く離脱することは生じえないことであろう。その限りそこで体験されうる神は創造者たる神ではありえないのである。結局、偶像としての神ということになろう。神が罪を犯した人間に哀れみの心で闘争の日々を短縮したといわれている[8]。しかし哀れみというよりも罪に対しての罰ではないのか。

　このように考えてみると、エックハルトでは自己が無という有なので神は無でなくてはならない。啓示では神が絶対の有なので人は無でなくてはならない。いずれの場合でも有と無とが対応しているように思われる。絶対の有と人の有とは対応、呼応しえないが、反対に無と無とも呼応しえないのではないのか。しかし人について後者のような組み合わせになることがあるのであろうか。人は単独では無とはなりえず、絶対有がきて初めて人は無になりうるのであるから。生きとし生ける物はすべて生を目指しているし、自主的に無を目指すことはありえないことであろう。それが当人にとって生という意味を持たぬ限り、無自体を目指すということはありえないであろう。生を目指している以上、たとえどれほど純粋なものであれ、そこには自我的なる何かが介在していると思わざるをえない。自分自身の十字架を負っていてもそういいうるのであろうか。いわば純粋自我の立場にあっても、神という究極的なものを体験していると信じていれば、当人は例えばエックハルトがマリヤよりマルタを尊重しているように、自分の十字架を負ってとキリスト信仰でいわれているのと同様の行為を行いうるであろう。しかしそれはあくまで純粋自我の立場においてであって、そういう体系全体がキリストの啓示受容という観点から見ればなお人として無ではなくて有であることに変わりはないであろう。そういう仕方で無であれば

あるほどますます有であることになろう。かくて人としての心理的在り方としては同じ状況が実現している場合もありうるであろう。たとえそうであってもそれは有であることに変わりはないのである。人の心理的状態が大切なのではなくて、キリストを信じることが大切なのである。他の方法、道は全て人が自分で自分の為に自分であつらえたところの救いの道でしかないからである。そういう道は永遠の命への道ではないのである。人となった神たるイエス・キリストをそういうものとして信じるという狭く低い門以外に永遠の生への門はないのである。たとえ人の心理状態としては同じでも、そうなっている根拠が異なる以上、それらは互いに全く異質と判断せざるをえないであろう。例えば野球のバッターボックスで無心に球に向かう場合とピアノを弾いて無心になっている場合とを対比して考える時、両者が同じといえるであろうか。球に向かうことによるのとピアノを弾くことによるのとでは同じ無心でもその根拠は異なっている。そこで双方の無心は異質と判断せざるをえない。それと同じことであろう。野球で無心になっている人はピアノではそうなれないし、またピアノで無心になっている人は野球では無心になれないからである。人格全体としては異なっていると思わざるをえないのである。心理状態が同じなら人格的に同じと考えるのなら、人にはすべて理性が備わっている点で全ての人の理性は同じといっているようなものであろう。それはしかし個々の人について、固有な人格の持ち主として具体的に見ていることにはならないのである。

　エックハルトの立場を純粋自我・無我とすると、パウロなどのキリスト信仰の場合と心理状態としては全く同じなのか。確かに部分的に、つまり時間的に考えてある時には全く同じ心理状態にある時もあるであろう。しかし全面的に同じではないであろう。自己とは隔絶した神が存している以上、神に照らして自己反省する、そこに罪の意識も生じる、という面が強く出てくるからである。神秘主義や禅の場合には、自己を責める神は欠けているのであるからそういう面が欠けてくることになろう。人と隔絶していればこそ神ではないのであろうか。肉の体で生きている人間の体験しうるものは神とはいえないであろう。エックハルトでは神を見るというが、一方、キリスト信仰ではパウロが「現に見ているものをだれがなお望むでしょうか。」（ローマ 8,24）といっているよ

第3章　エックハルトにおける神秘主義 ―禅的思想と対比しつつ―　*121*

うに、見ているのなら信じることはないのである。前者では結局信じることは必要ではないこととなろう。何かを信じるという契機はここには少しも入ってきてはいない。見ていない、見ることができないものを信じているところに自我を離れていることが現れてくる。そういう意味ではエックハルトでは雑多な表象から離れているとはいえても[9)10)]純粋自我・無我の立場にあるのであって、自我を離れているとはいえない。そして見えない神を信じることは同時に神による救済史の中へ自己が位置づけられていることでもある。そしてここに、救済史の中での自己の働きの中に個人のゆるぎない救いの確かさが存しているのである。決して人の心の中の在り方にあるのではない。個人の救いの感情は個人の感情を超えた個人の置かれた状況の中に根拠づけられているのである。信じるということは疑いが全くないことを意味している。全くないとは信じているということもないということをも意味している。自己とは別の何かを信じているというのではない。信じている対象である神と自己とが一続きになっているという一面があるし、またなければならないであろう。しかしこのことは神そのものと一続きとの意味ではない。神の働きと自己の働きとが一続きとの意である。存在と存在とが一続きなのではない。ただ自己に関わる自己、つまり自我が崩壊するので神の救済史の中に自己が存在として位置づけられているという意味では自己の存在全体が働きも含めて神の働きの中に存しているといえよう。

　もっとも、西谷によれば、対象的な見方、表象的な把握が働くところには理知の支配があり、それは人間の存在性に本質的な自己―内―閉合性である(7・242)。これは確かにそうであろう。だから神秘主義も出てくるのであろう。また救済史の神学などはこういう自己完結性に縛られているのではないであろうか。エックハルトはそうではないであろうが、なおかつ自・無己―内―閉鎖的といいうるのではあるまいか。第7巻「ドイツ神秘主義とドイツ哲学」において、理性が膨れ上がっているとしてそれではまだ真の貧に達していないとして批判している。しかしキリスト信仰では、理性は最初からキリストの復活を信じるというように、自己の自律性を奪われているので膨れ上がることはできないのである。この点がエックハルトの場合と異なるといえよう。エックハルトでの

自己内閉合の克服は、彼が「我々は神の内での死を賞賛する、死が我々を生命よりもよりよい高貴な存在へ置き入れるように」(B1・460)、「天は時について何も知らない。このことは魂が純粋な存在へと置き入れられるべきであることを指し示している。」(B1・460 以下)といっていることにも現れている。つまり時の中に存在しているものへ対象的に関わることを止めているのである。これは同時に理性の自己内閉合の否定とも解しうる。

【注】
1) 中山善樹『エックハルト研究序説』1993 p.156
2) H. Ebeling; ibid, p.56
3) ibid, p.155 被造物が神の中へ引き入れられ、人は神の内にあって自我なきものとして現れ、被造物は神化される。
4) J. Bach; ibid, p.107
5) 中山善樹　同上書 p.32 以下
6) 川崎幸夫『エックハルトとゾイゼ』昭 61 p.103
7) H. Ebeling; ibid, p.147
8) キリスト教神秘主義著作集 7 エックハルト　創世記注解　p.121
9) H. Ebeling; ibid, p.80 以下　有限性や被造物から離れることが必要であるという。
10) ibid, p.199 カタルシスということが恩寵が注がれる条件であるという。

第 2 節　神と人との接触の様相

(1)

突破については、「突破において私は私自身の意志、神の意志、全ての神の業、そして神自身から自由だが、私は全被造物を超えていて、私は"神"でもなく被造物でもない、私には私と神とが一であるということが与えられる、私はそこでは不動の原因であって全ての物を動かすのである、ここでは神は人の内にもはやいかなる場所をも見いださない、これが人の見いだしうる究極の貧しさ

である。」(B2・730以下)。被造物を超え、神と一である。全てを動かすという。これが貧しさといえるのであろうか。罪ということはどこへいってしまったのであろうか。その点禅とは似ているのであろう。"全被造物を超えていて"と考えることは人の分を超えたことであろう。

　こういう突破の構造について、まず「理性的精神が自己認識を通路として自己自身を究極的な一それ自身に還源させる絶対否定の働きであり、魂の内には創造されたこともなく、また決して創造されえないようなある一つの能力があると主張し、それを叡智と呼んでいる[1]。」と解される。こういう叡智が神との純粋な一を求めて魂を導く。「霊は流出の以前においては神的本質の内にあり、その限り非被造的である、しかしそれは未だ神とはいわれない。霊が一度被造界に流出した後、突破において万物の原像を内に統一しつつ、神の内を突き進み、神が根底とするところを自らの根底とするに至って霊は神化され、そこに一個の神が現れる。神の内へ還ってしかもそこに止まらなければ突破は流出よりも高貴なのである。」(7・69以下)と解される。突破が流出より高貴としているが、その理由として「即自から対自へよりも対自から即而対自への方がはるかに先まで達する」(7・69)からとしている。また霊の自覚即ち突破が霊を神化にまで導くからとしている(7・70)。主体的自覚はそれ自体として尊いことは分かるが、神によるこの世界の創造の方がはるかに尊いであろう。自覚とか内面性を尊重する姿勢は禅、エックハルトに共通なのであろう。しかし現実的世界が変わらないのに内面的世界だけが変わっても無意味であろう。こういう突破の構造は、神のために汝自身から一物も余さず外へ出れば神は汝のために彼自身から徹底して外へ出るであろうという言葉がよく示すという[2]。神が外に出るとは、神としてある限りの自己を否定して神聖の無に還帰することである。魂による神の突破は神自身の自己突破となる。

　次に、突破の過程については、霊が「神」を突破して神的本質の「一」に入り、神性の「無」に入る時、霊は自らの内から「神」を産んでいくのであり、霊が「神化」していくのである(7・33)。こういう解釈を許容するゆえに、禅はエックハルトに共感するのであろう。しかし本来の信仰では神がキリストにおいて世に下ってきたのだ。それに応じてキリストの霊が人の心に下ってきて

いるのである。その逆ではない。キリストを信じた人の心に生まれる霊が神へ向かって突破していくという考えはない。エックハルトでは神と人の霊とは相互交通的なのである[3]。キリスト信仰では神から人へと一方向的である。こういう過程で、霊が子なる神を、したがって自己の内の神の像を突破するのみならず(7・27)というが、こういう神の像というものは啓示のイエス・キリストというものとは全く異質である。そして最終的には、神なしの自己自身、霊ひとりとなり、同時に霊がそこで霊として果て、全くの無にされることでもある(7・24)ということになる。ガラテヤ 2,20 の場合には、神なしの自己自身とはいえなくもないが、霊が無とされるとはいえないであろう。ただ単に対象的に神を信じているのではないのであるから。「父の意志をも撥無した[4]」ともいわれる。禅の立場からの解釈としてはこれでよいのであろう。絶対無と神とは一なのだからそういいきってよいのかと感ずるのである。人格性の根底をなす超人格的な神性の無の現成[5]というが、そういう無がどうして人格性の根底を成すといいうるのか。一方、神自身も自己否定的となり、人への方向に立つことこそ神本来の在り方として自覚する[6]と解される。こういう神なら人格的であるままのように思われる。と同時に陶工の自由ということと矛盾しているように思われるのである。しかし何といっても神が人格的存在であるのなら、その反対である存在の否定こそ真の否定であろう。しかるに現実的には人は人間として存在している状態で自己否定といってみても、存在している以上、否定されたことにはなっていないのではないのか。内面的変化は否定ということにはならない。現実的な存在の喪失ということが否定ということにとっては不可欠であろう。神の名前が「あるという者」(出エジプト 3,14)であれば、存在の否定が真の否定となろう。存在の否定がないのに否定があるかのように考えるのは正しくないこととなろう。

　ところで、こういう突破については、禅の立場から、死は融け、自己の底は突破され、新しき生が湧き、こういう源泉を神の生命の源としつつ同時に最も自己本来のもの(das Eigenste)と見なした(6・27)と解される。神的なものでありつつそれが同時に自己本来のものである。パウロへのキリスト顕現にもこういう性格があるであろう。しかし異なるところもある。パウロでは彼に現れた

のはあくまでキリストであって神ではない。人は直接には神には至りえないのである。つまり体験の形式は同じでも内容が異なるのである。キリストが現れたのでその後に罪の意識も芽生えているのである。神と一になったのではそういう意識は生まれないであろう。また同じことを別の表現でもいう。霊は神からの形によって貫かれ形成されるが、その形は霊自身のものとなり、それは他力主義の立場でも自力主義の立場でもない(7・21以下)。神というものがキリストという啓示ではなくて、人の内に内面化されている性格を持っている以上、本当に他といいうるのか疑問である。結局、広義の意味での無相の自己内での出来事に終始するのではないのか。他力でも自力でもないともいわれるが、それはつまり自力ということであろう。明確に他力主義でない限り、人は自力主義から逃れられないのではあるまいか。

　今現在神の許に魂が帰っているということが突破ということの内実であろう。パウロでは、そのことが救済史的活動へと彼を動かしているのである。神が終末においてその栄光を現されるのを待ちつつ。かくて今すでに神の許に帰っているということと今はまだ現世にあって世にあっての使命を果たさねばならぬという気持ちとの間を行き来しているのが実態といえよう。パウロも第三の天に引き上げられたと、他人になぞらえていっている(第二コリント12,2)。今帰っていることがそういう活動を促進させるし、逆もまた真である。このことは決して偶然のことではなくて、必然的にそうであるほかないことである。

　現代のような「成人となった」世界においてはいかなる特殊な体験をしたとしても、それを古代や中世でのように神に直結すると受け取ることは不可能であろう。現代でも脱自的体験はキリストを信じることと一のものとしては生じうるであろう。しかし信じることとは別の形での、それとは区別の必要があると思われる、例えばパウロでの第三の天に引き上げられたというような事態を神に直結するとして受け取ることはできないであろう。それだけ現代においては古代、中世に比して体験主義的要素は減少せざるをえなくなったといえよう。つまり宗教的体験はそれだけ純化せざるをえなくなったのである。特殊な体験には、ダマスコ途上でのキリスト顕現のように救済史的使命へ人を押しやるも

のと第三の天に引き上げられるというようなそういう性格のないものとがある。このうち後者は現代ではリアリティを失ったといえよう。特殊な体験を神に直結すると信じうるにはその前提としてある一定の世界観が必要である。しかし現代では人はもはやそういう世界観を持ちえない状況に置かれているのである。どこまでもイエスをキリストとして信じることから全ては始まる。中世の統一文化の世界に生きていたエックハルトにとっては神への信仰が先にあるのではないのか。このことは例えばマタイ16,17の引用において原文では"イエス"となっているのに"われらの主"（B2・704）、"神"（B2・706）としていることにも現れている。彼にとってはイエスと神との区別はさほど重要なことではなかったのかもしれない。神秘主義者にとってはそうであるのかもしれない。しかしキリスト信仰はあくまで地上のイエスへのキリスト信仰から始まるのである。神から始まるとその区別は大切でなくなるのであろう。

　キリスト信仰では神による救済史の中に自己を位置づける、というより自己が位置づけられるということの内に自己と神との交わりというものを感ずるのである。エックハルトのように内面的な方向へいって、突破ということにおいて自己の内での神の誕生を感ずるというのとは根本が異なっているのである。前者は元来外が中心で外へと向いている。後者は元来内が中心で内へと向いている。パウロでは救済史の中へ位置づけられているので、キリストが我が内で生きているという以上に、さらにそこを突破して神性へ至るというようなことは必要ではない。内面的次元で霊と神とが互いに生み合うというのではない。現実的な外の世界の中に人が居ることが、即ち神によって人が新たに生まれさせられていることである。そしてそれと同時にそういう全世界的、全自然的状況が人の内面にキリストの霊を生み出しているともいえよう。逆のこともまたいいうるであろう。そしてこの場合には個人の気持ちがたとえぐらつくことがあっても個人を超えた客観的状況が存しているので、人の気持ちは再び元に戻りうるのである。この点神秘主義のように気持ちの起伏は大きくないであろう。気持ちの起伏が大きいということは、その分信仰の在り方が当人の心の在り方に依存していることを示しているのである。信仰は人の側での心の在り方に依存していてはならないのではないかと思う。

ローマ7,7以下のような告白の示す心境にある場合、エックハルトのように突破して神性にまで至ると考えうるであろうか。むしろそうではなくて、自分が肉であるということに思いを致さざるをえない状況におかれているのではないであろうか。つまりたとえパウロが一時的にエックハルトのように突破のような体験—ダマスコ途上でのキリスト顕現にはそういう要因も含まれている—に至りえても、そういうところから引き下ろされてしまうのではないであろうか。つまりパウロでは突破のような体験と肉の体験との双方が存しているのである。しかもその突破ということが「サウル、サウル、なぜ、わたしを迫害するのか」（使徒言行録9,4）というキリストの呼びかけで構成されており、静的でなく動的であり、救済史的である。徹頭徹尾救済史的に構成されているのである。突破も救済史的だし、肉の体験も救済史的である。後者のことはローマ7,24以下でも分かる。突破はかくて静的な神性へ向かってのそれではなくて、救済史的な使命へ向けてのそれなのである。使命へ向けての突破ではエックハルトとは事情が異なる。使命はどこまでも彼個人よりは上のものである。神に直結したものであるから。しかしそれにもかかわらず使命と彼とは一になりうるのである。パウロあっての使命であり、使命あってのパウロである。使命はこの地上に受肉した神といってもよいものである。使命は具体的内容（異邦人伝道）を持っているものであり、人がそれと一体化すると直ちに人を使命達成へと向かわしめるのである。使命を超えて、さらにその奥へなどということは思いつくことさえありえないのである。使命への突破はローマ7,7以下でも分かるように人間としての自己の不完全性の認識への突破でもあったのである。突破はこのように二重の意味を持っていたといえよう。救済史的性格のない神は聖書より見れば神とはいえない。人がアダムの物語でも分かるように堕落した世界に生きている以上、神はそういう性格を持たざるをえないのである。「"霊"の火を消してはいけません。」（第一テサロニケ5,19）とは救済史的使命の邁進について怠ってはならないとの意味でもあろう。きわめて現実的なことである。決して単に内面的次元のことではないのである。

「魂を天と地上とにおける全てのものの父たる一者の最初の根源へと導き連れていく。その火花は地上の父、母、兄弟、姉妹を忘れ、諦め、天の父のとこ

ろへと追い求める。」(B5・481)。一者から生まれた同一性によって天の父を求めるのである。その結果として「高貴で謙遜な人には、自分が父が永遠において生んだ一人子ということは満足のいくことではない。彼は父でもあろうと欲するが、自己を神に譲渡すれば神があなたの所有地である」(B1・487)。自分が神でもあろうとするというが、こういう人を謙遜といいうるであろうか。ここまでくるともはや神は人にとって異質なものではなくなっている。具体的には愛ということにおいて、「私は私自身の内にあるより以上に神である。予言者はいう、私はいった、あなたがたは最高なるものの神々であり、子供たちである(詩編81,6)と。我らの主イエス・キリストがそのことを証言している。」(B1・447)。愛において人は神になるという。詩編81,6(詩編82,6)で確かに神だといわれているが、同時に「高き方の子ら」ともいわれている。しかも続く7節では「人間として死ぬ。」といわれている。かくてここでの神ということをエックハルトのように解するのが正しいのか疑問である。また神の愛の内にある人には、「自己自身と全被造物に対して死んでいるべきだ。彼の内にはいかなる不同一性も属してはいない」(B1・478)。神の創ったものにそれ自体汚れたものはないとしても、なおかつこのようにいえよう。しかし同時に各人に賜ったタラントンは質量とも異なっている。異なるということも大切である。人には罪があり、キリストのようにはなれないので最後の審判があるのである。こういう罪についてだが、「神が見るもの全てを神は自己の内で見る、そこで神は我々が罪の内にあるときは我々を見ない」(B1・446)というが、もしこれが本当であれば人類は益々罪へ沈み、とっくの昔に地上から消えていたことであろう。アガペーの愛はそういうものではないであろう。「今まで人が犯した罪を見逃して」(ローマ3,25)といわれているとおりである。エックハルトでは逆に罪という意識が稀薄なので、人を神と直結することができているのであろう。キリスト信仰では罪の意識が人を神から引き離しているのである。仏教では煩悩が強く意識される一方、そういう効果はないのであろう。今すでに究極まで至るという点が禅とエックハルトとの類似の最大の肝要な点であろう。

　神と魂には異質性もある。「神のみ自由で非被造的であり、神のみが自由によって被造的な魂に同じである」(B1・431)とはいえ「同じ物としてではなく

て、一つのものとして私は神へと（in ihn）変えられる」（B1・455）ように神と一になる。神を人のところに引き下ろしてきているとしか思われないのである。要するに神をそのように定義したということであろう。存在においての神との一ということについては人と食物との関係にたとえている（B1・456）。さらに、「神は同一性そのものであるから、今や全てのものは神において同じであり、神自身である」（B1・477）。神は同一性そのものとまでいっている。神について人のもつ観念を当てはめること自体が不遜であろう。神と人とが一になってしまっては最後の審判はどうなるのであろうか。「他方なしに一方は理解されえないほどに、魂は神と全く一である」（B2・755）、「魂は神の中にあって、何かであるところのもの全てのものを全くの完全さにおいて持っている。」（B2・751）とまでいっている。魂の中での神の誕生という考えと一体なのであろう。神と魂とが火と木とにたとえられ、「火が木の中へ自己自身を生み木に対して自己自身の本性と存在とを伝え、その結果それ全てが一つの火である」（B5・483）とされる。火も木も全くの一になるまで満足しないのであろう。事実、「まだ同一性が火と木との間に見いだされ、現れている限り、決して真の快、沈黙、休息、満足はない。"主よ、我々に父を示してください、そうすれば我々は満足です"（ヨハネ14,8）。」（B5・483）。ここで引かれている聖句は人と神との全くの一をいってはいない。それをそのようにいわば曲解しているのである。主客合一ではなくて主主合一をいう西谷の考えには合うのかもしれない。そしてこういう一は恩寵によって生じるという。「恩寵は人を全ての時間的なものから引き離すが、そうであることは神で満ちていることである」（B5・542）。ここで神と被造物とが二者択一的に対置されている。こういう考えは基本的にいって聖書的ではない。世界は神によって創造されているのである。世界を軽く見るという点で禅と共通的なのであろう。もっとも「全被造物は自己の外に常に自己自身の持っていないものを順次に求めているが、全被造物の持っているものを神は全て持っている」（B1・483）。これはそのとおりであろう。だが神が全てのものを持っているというように人が勝手に決めてよいものかと思う。

　神のいわば永遠性については、神が最初の人を造った瞬間、最後の人を過ぎ

ゆかす瞬間、私が今話している瞬間——これらは神においては同じであり、一つの瞬間である(B1・436)というが、そういう「神と一つの光の中に住む」人については、「時を超えて立ち、場所なしに存している例の力は全ての時を自己の内に含められたものとして保持している。」(B2・644)。ここで"例の力"とは前頁の意志と理性とが一体となった理性の力を指すのであろう。こういう神と人との一において、「時を超えて永遠へと高められている人は神と共に神が千年前に、そして千年後に為した、為すであろうところのことを為すのである」(B2・685)。過去から未来にわたって神の為す、為した、為すであろうことを神がその魂の中に生まれた人は神と共に為すのである。未来的な観点はあるようであるが、終末的観点は見られないようである。

このような時の見方について、西谷は「歴史的伝統が直ちに永遠の今でなければならぬ。そこにはエックハルトのいうごとく時間が収縮するというところがなければならぬ。」(1・51)と評している。こういう考えには大いに共鳴しうるところである。こういう点ではパウロもエックハルトも似ているのである。問題はどういう根拠によってそうなっているのかということである。それと同時に罪による人への限界づけが働いているか否かということである。こういう観点から考えさせられるのは、「私の流出は神の生成、転化であり、私の還帰は神の脱転、還滅である。」(7・56)という点である。神の生成という。人間界の中へ神を取り込んでいるとしか思われないのである。「世界を内から展開した神は再びこの神性の無へ脱皮させるが、そこに神の宇宙論的な運動が考えられている」(7・61)ともいうが、このように神は現実的な流出を行う以前の神性へと帰るのである。そういうことを考えるのは人の自由であろうが、聖書での啓示の神ではないであろう。

こういう立場では、神も人も他の一切の被造物も自己自身を脱落して一切の存在者が脱底的に純一となると解されている[7]。ここでは人格的である限りの神は超えられている。しかしこういう考えは神と人とを同じ次元で考えていることになるであろう。「『人間―世界』の本来的な脱底性の場に立って新しい宗教性を開くということを意味する。[8]」ともいわれる。思うに葦の海とエジプト軍とに挟まれている状況では無意識、無自覚の内にこういうところに立ち、そ

してそういう場に出現してきているものとして旧約でいえば神を、新約でいえばキリストを信じているといえよう。禅でのようにあえてそういうことを問題にする、せざるをえないということは人としての存在における余裕があることの反映であろう。無意識、無自覚にそういう場に立っていることの方がより徹底しているのではないかと思う。この点は禅自身が対自的な在り方は不十分としていることでも分かることである。危急存亡の瀬戸際に置かれているので、真の有たる神を信ずることが必然的に入ってきているのである。一気にここまでいってしまうのである。エックハルトでは神を無が強制するという。それに対して、人を無へと置く背後には啓示の神が存していてその神が無の中へ必然的に入ってくるのである。そういうことなしに済ましうるということは、まだ人の存在として余裕があることの反映であろう。

　さらに、パウロについて「キリストの空化は神の意志によるものであり、空化は意志の主体である神のペルソナそのものの自己否定には至りえない。瞬間は永遠性の場から脱しきれず、真の超越としての絶対無の場になりえない理由があるといえよう。[9]」といわれる。これはこれとして理解しうるところである。しかし終末において霊の体を受ける、全てを知るなどの考えのある限り、キリスト信仰としてはパウロ的であるほかないであろう。罪ということが重い意味を持っていると現時点でそれから脱却できない以上、救済史的、終末論的であるほかない。絶対無という場へは出られないし、また出るべきではないのである。生死という問題だけであれば絶対無という場へ出ることも可能であろう。余裕ということの根本の問題は罪ということにどれだけ重みが置かれているかということである。葦の海とエジプト軍との挟み撃ちという状況での存在としての余裕の無さということが、罪ということでの余裕の無さと結合しているのである。存在という点で余裕のあることは罪という点でも余裕があることを意味しているであろう。

【注】
1）　川崎幸夫　同上書 p.24
2）　同上書 p.25
3）　H. Ebeling; ibid. p.153 以下　人の自由意志と恩寵との関係はアウグスティヌス的と

4）川崎幸夫　同上書　p.7
5）同上書 p.7
6）同上書 p.7
7）同上書 p.1
8）同上書 p.102
9）同上書 p.136

（2）

エックハルトの立場は信仰が盲信でない限り、たとえミステリウムであっても知解されるべきだとし、その働きをするのが知性だとしている[1]。ただ彼によると、「愛は存在においてではなくて働きにおいて統合するが、理性は神をその究明しえない性質において把握はできない」（B1・457）。しかし神と人との関係について安息というものでは不十分である（B5・482）。

離脱を大切とする。「離脱が最高のところに達すると、認識について認識なしになり、愛について愛なしになり、光について闇になる」（B5・545）。そういう「離脱と無との間には何も存在しえないので、全き離脱は謙遜なしにはありえない」（B5・540）。そして離脱と謙遜とは神の中にあり神が世界を造る時にも、人の子として受肉する時にも、それ自体として存しているものである（B5・540以下）。こういう離脱は純粋な無に立ち自己自身を一切のものから同時に脱却させている[2]。

「意志は神を善性の衣服の下で受け取るが、理性は神を裸で受け取る」（B1・464）。理性と意志とでは神の受け取り方が異なるのである。

「何も持たないこと、空虚であることは本性を変える」（B5・481）。「一者による、一者における、一者との同一性は花盛りの真っ赤な愛の始まりである根元である」（B5・481）。しかし「認識はよりよい。なぜならそれは愛を導くから。それは裸のままの神に触れる」（B1・502）。認識が愛よりいわば上である。だが「認識が把握できるものは神ではない。認識や欲求が終わるところは闇である。しかしそこで神は輝く。」（B2・694）。こういうことと魂の最内奥としての理性での神の誕生とはどう関係するのか。理性と認識とから意志が生まれ

るとしている（B2・694）。理性の極限のところで神が輝くと考えれば矛盾ではないということか。かくて無と神の誕生とは一ということか。

　特に離脱について、「愛は私を私が神を愛するように強制するが、離脱は神に対して神が私を愛するように強制する」（B5・539）。離脱がどんなに完全でも神をそれによって強制することはできないであろう。陶工としての自由を考えただけでもこのことは分かるであろう。絶対の自由を神は持っている。もし先のようであれば、神の愛もエロースの愛ということにならないのか。誘発されているのであるから。こういう離脱について西谷は、自己の内に初めから自己を超えた生命、人格性の立場をも超えた生命が含まれていることをそれは示しており、自己と世界に対する超越、あるいは人間の霊がそれ自身の超越的根底を開くことをエックハルトは離脱と呼んだ（7・12）、愛では人が自己を神へ運ぶのに対して離脱では神が人の方にきて、そこに一層深い関係が一層純一なる合一として現れうる（7・13）と評している。まず人格性の立場を超えたという。自己の根底を自己の内に見るのを破ることがどうして直ちに人格性の立場を超えたということになるのか。それ自体もまた人格的なことではないのか。人が人格であればこそそういうことが可能になっているのではないのか。神とは知性と一的であるというような考えと呼応して、究極的なものが人に内在しているとする考え、禅あるいは広くは仏教と共通的な考えといえよう。根底はエックハルトでは霊において神が誕生して初めて開かれている。したがってこの誕生なしには根底へは至りえない。神の誕生という人格的なことがあって初めて人の根底が開かれていることに注意したい。前者なしには後者もないのである。また離脱が愛より上ということも分かるが、聖書では現実的なことが内面的なことより尊重されている。そこで離脱という内面的なことと愛ということとを分けて、どちらが高貴かなどと考えること自体に意味がないであろう。このことは心と身体とを分けて考えないことと呼応しているのである。内面的なことを独立して考えることは無意味であろう。内面的なことに西谷が共鳴するのは禅もまたそういう傾向を有しているからであろう。人が自己を神へ運ぶより、神が人の方へくることを重視する。これは内面重視と関係しているであろう。「鋤に手をかけてから後ろを顧みる者は、神の国にふさわしくない」

（ルカ 9,62）というが、この場合でも耕すことを妨げられるからであろう。いつも行為との関連で考えられているように思われる。心の在り方だけを特に問題にしてはいない。かくて愛と離脱とを比較して後者では人と神とのより深い関係があると考えるのも本来のキリスト信仰か否か疑問である。純一というのであれば愛にしろ離脱にしろ差をつけて考える必要はないのではないのか。

　離脱が神を強制するというのであれば、人は神より上位にあることにならないのか。そういう神はもはや神ではない。"主"なる神ではない。人にいわば従属しているのであるから。いかに被造的世界を離脱したとはいえ、人は現実にはそういう世界の中に今なお生きているのである。かくて離脱とか、禅的にいえば空却とかということ自体が不可解である。内面的世界になってしまっているのであろう。その時にはすでに"この人を見よ"というキリスト信仰ではなくなっているのである。人はかくて被造物よりも、また神よりも上にあることになっているのである。離脱というところでは神以外の一切を受容しないという。この時の神とは被造物との関わり以前の神である。しかしそういう神とは人の考え出したものであって、神としての何らの保証もあるものではない。そういう神は無能であろう。そういう神の存否を問題にしたり、それに関わったりすること自体が不可解である。そういう神と一になるなどということはまったくおかしなことであろう。人がいわばそういう神を創作しているのである。これに対して啓示の神はどこまでも外界に現された神である。イエス・キリストのように啓示の神は客観的に存在している。ただ誰もが客観的にいわば自動的に信じられはしないのである。一方、内面的な神は存在としてそもそも客観的に現れてはいない。

　「離脱はいかなるものでもあろうともしないので、全てのことはそれによって煩わされないままである」(B5・540)、「魂が全ての突如襲ってくる愛、苦しみ、尊敬、恥、誹謗に対して動かない離脱が人を神との最大の同一性へともたらす」(B5・541)。キリストとの同一性さえ問題なのに神との同一性などといってよいのか。中世なので考ええたことであろう。「離脱は無に大変近いので、神一人以外にいかなるものも離脱の中に自らを保ちうるほどに細かく緻密なものはない。」(B5・540)。全き無とはいっていない。「自己、そして全ての被造物か

第 3 章　エックハルトにおける神秘主義 ―禅的思想と対比しつつ―

ら自己を離脱させ、神一人以外のいかなる父も知らないよう励むべきである。彼の全生命は神から出て神の内にあり神自身である」(B5・473)。離脱の結果として人の全存在が神自身とまでいう。「離脱した純粋さの祈りは神と一つの形であること以外の何物でもない」(B5・545)。救済史的性格が欠けているので、通常の意味での祈りは存しえないのであろう。神との一つの形ということはこういう性格のことではないのであろう。一つの形とは同じ形であるとしている(B5・457)。一人子と魂の間にはいかなる区別もない(7・147)。現象的世界に心がかかっていては神に遠いのである。

　西谷の評について。形象、形相から自らを分かつ時、無形相な神の本性へ同等化される(7・239)。神自体を人は知りえないのに表象から自由になれば本性へ同等化するとどうして決められるのか。神は直接的にのみ知られうる(7・239以下)というが、直接的にはなおさら知りえないのではないのか。内へ向かう高次の意志や知性によって霊自身をそれ自身へ集中させれば、清浄にされた霊の根底が神の子の誕生の場所である(7・168)。救済史的地平が生きていれば、「被造物も、いつか滅びへの隷属から解放されて」(ローマ 8,21)、「被造物がすべて今日まで、共にうめき」(ローマ 8,22) というように外へと向いている。内へ向くのはそういう地平を離脱して究極的なものを今体験するという方向であろう。そして神と一になる結果を得るということになる。内へ向かう点で禅と共通している。霊が離脱して神を受け入れると、霊の内での神の誕生であり、その関係の根底に神と霊との全き一、絶対の自己同一が考えられる(7・14)。パウロでさえも霊において神が誕生とはいわない。エックハルトでは神は知性である[3]というような面があるので、このようにいえるのであろう。つまり各人に霊が誕生するというのなら理解できるのだが、神が明確に人格的な固有な存在であるのかと思う。神が固有な存在という認識がないので考えうることであろう。固有ということは名前がついているということである。たとえ離脱しているとしても、当人がその時所位においてそうなりえていること自体がいわば神の恵みの賜物であるといえる。そこで離脱自体が何ら人間の側での功績によることではありえない。人である以上、状況が変わると離脱から転落しないという保証はないのである。そういう人間が絶対者なる神を強制するとは本末転

倒である。禅は自力的宗教なので離脱をいわば人の功績であるかのように考える考え方に共鳴しやすいのであろう。仮に離脱できたとしてもそういう人間性にできていること自体が神によって与えられたものではないか。「これらすべてのことは、同じ唯一の"霊"の働きであって、"霊"は望むままに、それを一人一人に分け与えてくださるのです。」(第一コリント 12,11)というときの「全て」の内にはそういう人間性も入っているのは当然のことである。また、霊とはあくまで人の霊であるから、その霊と神との絶対の自己同一ということはキリスト信仰では考えられないのである。二即一というところまではいいうるであろうが。エックハルトではこういう禅的な読み込みを許容するのであろう。さらに、離脱における無について、「受動的無から能動的無までを考えると、神を受容する無という離脱に収まりきらないところがあるように思われる。[4]」とされる。こういう面とマリヤよりマルタを重視することとは一体であろう。確かにそうかもしれない。しかしエックハルトといえどもキリスト教の信者[5]である。だからこそ無が受動から能動へと展開しうるのではないのか。禅のように最初から無でもこういうことが起こりうるのかと思う。こういう点は人の無の中へ神が自己を全的に注入せざるをえないと考えられていることでも分かるのである。無であることが単独で能動的無へと展開していくとは考えにくいのである。

　離脱は純粋な無の上にある(B5・544)。神が私の心の上に何か書こうとすればそこには何も書かれていないことが必要である(B5・545)。神の自然なそれ固有の場所は統一と純粋さだが、これは離脱から由来するので、神は必然的に自らを離脱した心に与えねばならない(B5・539)。この三段論法はどうであろうか。人に当てはめるのならよいが、神が必然的にというのはどうであろうか。人間的次元のことと神的次元のこととが必然的とか"ねばならぬ"という形で結合しうるのか疑問である。元来次元が異なるのであるから。離脱の中にある人間は永遠の中にあり被造物として神との同一性を持っているが、世に対して死んでおり、パウロが「キリストがわたしの内に生きておられるのです。」(ガラテヤ 2,20)という時に考えていたことである(B5・541 以下)[6]。永遠の中というとき、この永遠とはどういうことかが問題であろう。内面的性格のものでは

ないのか。そこが問題である。心の中にのみ存している永遠など意味があるとは思われないのである。「最後の敵として、死が滅ぼされます。」（第一コリント 15,26）というような宇宙的変化と一体でなくてはならないであろう。神と人とは離脱において同一性を持つ。離脱は無に近いのである。そうすると神は無に近いこととなる。少なくとも聖書にはそういうことは書かれていないのである。人が成し遂げる祈りやよき業によっては神の離脱は少しも動かされない（B5・542）。神は人の態度によって動かされているのではないことになる。自律的といえる。人が神を人を愛するように強制するという考えとは異なっているのではないのか。

　神を強制するという考えも結局人間中心的に考えているからであろう。神固有の場所としての統一と純粋さというものも人の考えた概念であろう。これでは人間界へ神を包摂することになってしまうであろう。逆でなくてはならない。統一とか純粋さとかは禅の考えとは合いやすいのであろう。離脱せる霊に神が自己自身を与えるのは離脱せる霊が純一であるからである（7・14）。神は自己と同じものだから自己を相手に与えているのである。しかしキリストの十字架はその正反対ではないのか。罪なき聖なる神はその対極にある罪に堕ちた人のために自己を、つまり自己の一人子を死なせたのである。神にしかできぬことである。自己と同じものに自己を与えることなら人にもできる。「異邦人でさえ、同じことをしているではないか。」（マタイ 5,47）ということである。これでは神というに値しないであろう。まして人が雑多な表象を超えること自体はよいことであろうが、純一な人の強制に負けてしまうのでは人と同じではないのか。この世界は神によって造られたもので、「それ自体汚れたものは何もない」（ローマ 14,14）という点から見ると、多というものを悪く考えるのはどうかと思う。多なる世界からの離脱をよいとする先入観があるのではないのか。こういうところにも、禅における有無一体とはいいつつも無に根拠を置く考え方からの評価が現れているのではないのかと思う。ただ私のない無が強いる非被造性は魂の属性にはならぬが、そのことによってかえって自由であるような方向を離脱がさらに開いていくのである[7]。離脱によって神が自己を与えてもその非被造性は魂の属性にはならぬという。たとえ無が強いるとはいえ、その無は人にお

いて実現している無に過ぎない。人と無とを切り離すことはできない。かくて強いるものを人ではなくて無であるというように、人と無とを二者択一的に考えることはできない。人における無と神がそういうものであるとしての無とが同一とは考えにくいのである。キリスト教というものである限りは、そもそも離脱において神が人の内へではなくて、キリストの霊がと考えるべきであろう。

　エックハルトの離脱の思想はパウロ的信仰の無を取り出し徹底したものという理解も見られる[8]。これはそのとおりであろう。ただ問題は徹底の方向である。エックハルトとパウロとを比較して大略次のようにいわれている[9]。パウロでの心は神に対して被造性の関係にとどまっている。エックハルトでは子の誕生の場としての魂は被造性を脱している。次に、パウロでは父は心の内に現れた子において常に自己を主張する。エックハルトでは魂の内に誕生した子は無相である。永遠において子を生む時も人の魂の内に生む時も仕方は同じである。また絶え間なく行われる。パウロでは特定の瞬間だけである。以上である。結局こういう相違は人が肉の体で生きているので、ローマ7章でのような告白が不可欠であることに起因するのである。「私には煩悩はありません」といいきるような人の場合、もしその人がキリスト教に入ればエックハルトのようになるのであろう。煩悩なしといいきるのも人としての余裕と解しうる。エックハルトではこういう事情は人が単に神の子となるのではなくて、「父なる神と同一の神となる[10]」という考えに出ている。人がローマ7章でのような告白をせざるをえない存在であることと少なくとも人については無といっても純一ではありえないこととが対応しているのである。

　「第三の天にまで引き上げられた」(第二コリント 12,2)ことは黙示文学的世界観と、「離脱」は統一文化の支配下にあるヨーロッパ中世の世界観と、それぞれ一体的といえよう。これらの世界観は現代のようないわば成人となった世界ではリアリティをもはや持ちえないのである。ダマスコ途上でのキリスト顕現のような救済史的性格を持った体験のみがリアリティを持ちうるであろう。第三の天にまで引き上げられたというような体験、あるいはどんな体験にしろ、現代ではもはやそれが神に直結すると考えたり、信じたりしえないであろう。エックハルトでのような神と一になるという体験についてもそうであろう。

ただそれを天上にいるキリストが私に賜ったものとして受け取ることはできよう。終末において賜る霊の体のいわば手付けとして。「離脱」では救済史的性格が欠けているので、禅の人が共鳴しやすいのであろう。パウロでも離脱といってよいような事態をキリスト顕現において見うるであろう。その後もそれに似た体験があったであろう。しかし同時に救済史的性格があるのである。

【注】
1) 中山善樹　同上書　p.141 以下
2) 上田閑照　『エックハルト』　1998 p.194
3) H. Ebeling; ibid, p.339 知性の最高の力が神の理性的本質に入り込むことにより、合一が立てられるので、この合一には知的性格が強いとされる。
4) 上田閑照　同上書　p.200
5) H. Ebeling; ibid, p.66 神の代わりに義を置きうると解されている。
6) J. Bach; ibid, p.130 神との同一性が目標となるといわれている。
7) 上田閑照　同上書　p.196
8) 川崎幸夫　同上書　p.122
9) 同上書　p.151
10) 同上書　p.152

（3）
　過ぎ行くものへの愛があるとそれを失うとき苦しむのだが、その場合は真には神を愛していない(B5・474以下)。神のための苦しみはその苦しみを神として見いだすという(B5・493)。義なる人はたとえ害に出会っても、それは彼を悲しませない(B5・474)。外的なことは義人を悲しませないのである。そうではあろうが、しかしローマ7章のような場合、伝道の際での外的なことは外的なことといって済ませない問題でもある。肉体の刺(とげ)という問題もあるであろう。修道院のようなところに居たので、こういうことをいいえたのではないかとも思われるのである。久松が私には煩悩はないというのと同じではないのであろうか。現世の生活からいわば隔離しているのでいいうるのではないのか。所有が自由であればそれだけますます自分のものであるとして「無一物のようで、すべてのものを所有しています。」(第二コリント6,10)を引いている(B5・

536)。自由に持つことによって真に自己のものということである。執着するとかえって自己のものではなくなるということ。ただ、神と自然は純粋な悪、あるいは苦しみが存しうることを許さない(B5・475)が、これはしかし統一文化の中世ゆえにいいえたことではないかと思う。この一文の直前で第一コリント10,13を引いてはいるが、ヨブ記の苦しみを見ても分かることである。終末思想が神秘主義では欠けているので、現在において神性と一になるのである。そこでこういう考えが成り立つのであろう。

　神自身である最高の離脱へ至りたければ全き謙遜を求めよ、そうすれば神性の近くへくる(B5・547)。そしてこういう離脱があってこそ平静が保てるのである。このことは神秘主義において神との合一という情感の高揚と喪失との交代という状況の彼方にこそあるべきものである。神から見放されても平気であるという平静をエックハルトは説いている(7・192以下)。また神が与えないものは無しで済ます、受けるものは神自体以外にないからであるという理解もある(上田閑照『エックハルト』193頁)。ただ、高揚と喪失との交代があること自体が自我というものの存在を示しているが、それを神から見放されても平気でいるという形で解決してみても、いわば純粋自我とでもいうべきものから自由とはいえないであろう。人は有限な存在という人の分を考えるとき、救済史的な神の意志の中でその意志の一部として生きていることの内にこそ真の自由があるといえよう。こういう仕方で神の意志と人の意志とは一になっているのである。平静という点ではヨブの場合と同じともいえよう。しかし神の信じ方が異なるであろう。つまり心理状態としては同じでも根拠が異なるのである。この点こそが大切であろう。こういう平静については、西谷によれば禅的に解釈されて、無作の作用、絶対の能作、絶対の無作と解され、無に絶対の生の源があり、これに比較して恩寵による絶対否定は真にそうではない(7・84)。こういう絶対の能作の立場は人が霊の体を受けたときには可能かもしれない。しかし肉の体で生きている限りにおいて実現可能とは思われない。ローマ7章を見ただけでもおよそ推察できるのである。無に生の源ありというが、無そのものにあるのであろうか。エックハルトの場合には無と神性とが一になっているので絶対否定が絶対能作へと転じていくのではあるまいか。無だけで果たして

第3章 エックハルトにおける神秘主義 ―禅的思想と対比しつつ― *141*

そうなりうるのであろうか。

　さらに、平静について、全く与えることを絶した立場が全く与える立場であるという解釈をも示している(7・84)。全く与えるというようなことが現実に可能なのであろうか。もしそういうことを実行したら人はこの世に存在しなくなるのではないのか。もしそういうことが可能ならキリストが十字架上で血を流す必要はなく、人は自らの力で自らの罪を償いえたことであろう。つまりこういう考えの背後には人が罪無き者だという前提が不可欠であろう。かくて人は元来神でなくてはならないこととなるであろう。しかし現実には人は罪に堕し、神から離れているのである。そこでこういう禅的考えは人の現実から遊離した考えのように思われるのである。絶対否定が絶対肯定というような考えは人としては不遜というべきではないのであろうか。絶対否定が人にとって可能なら人は地上に存在しなくなってしまうであろう。もとよりただ単に居なくなることが絶対否定ではないとしても、少なくともそれが最低限の要件であるであろう。苦しみこそ神の前で魂を飾るもの(B5・547)だが、人が地上に生きる限り苦しみがなくなることはない。かくて全き離脱ということもありえないのではあるまいか。

　聖霊について、子が聖霊の根源であり、子がないのなら聖霊もまたないであろう(B1・473)、神が自己を愛している愛の内で神は私を愛し、魂は神をそこで神が自己を愛する同じ愛において愛する(B1・469)という関係となる。かくて、魂の内には霊から流れ出る時や肉に触れない力があり、その力の内で神は全く萌えている(B1・435)。こういう霊については、苦しみは身体と最も低い諸力と感覚とに指図して、霊は全力を持って霊の神の中へと高められ、解かれ、没頭すべきである(B5・527)とあるごとく霊と身体とは分けて考えられているようである。そして身体と魂との統一より霊が霊と結びつく統一はずっと大きく、霊は主の霊と結合して我々を浄福にする(B2・711)のである。

　イエス・キリストについて、イエスが魂の中で語るべきならば魂はただ一人であらねばならぬし、自らは黙らねばならぬ(B1・431)。さらに、魂は子を通して再び父の中へと入っていくが、神が行った全ては我々の永遠の生命への模範、指示以外の何物でもない(B2・738)。こういう特別の意味を認めていると

はいえよう。しかしそれは聖書が啓示する仕方においてではない。"模範"という言葉がそれを示している。イエスは単に模範ではない。文字どおり神の子なのである。罪の贖い主なのである。キリストとの我々の一である在り方について、あなたがたは確かに身体的誕生によって区別されるべきだが、永遠の誕生においては一つであるべきだ(B2・707)。永遠の誕生と身体的誕生とを分けることにどういう意味があるのか。信仰とは無関係の哲学から由来しているのであろう。またイエス・キリストと魂との類似について、魂は我らの主イエス・キリストに対していかなる区別も持ってはおらず、その粗さ(Grobheit)を脱ぎ去る限り、キリストと全く同じものであろう(B2・755)。根本的には同じという。こういう考えは啓示とは異なるであろう。ただ、イエスが充実と甘美とを持って自らを啓示し魂と一になる時、魂は最初の根源の中へと帰る(B1・432以下)ということは啓示信仰の場合にもいいうることであろう。方法というか道というかが異なるのである。道としては、人は内的に主イエス・キリストの中へと自らを形造るという同化においてキリストの全ての業を自己の内に担っているべきである(B5・524)といわれ、具体的にはパウロを取り上げる。キリストが人となった時、人間的本性を受けとったのであり、かくて全てを放棄すればキリストが自己において受け取ったもののみが残る(B5・546)。本性とか放棄とかの言葉も示すように存在的にキリストとの一を考えているようである。しかしイエス自身は「自分の十字架を背負って、わたしに従いなさい。」(マタイ 16,24)という。各自の十字架は異なっているであろう。「わたしたちは、与えられた恵みによって、それぞれ異なった賜物を持っていますから」(ローマ 12,6)ともいわれている。

西谷は、霊の内には本来の自己、永遠なる本質へ帰ろうとする要求がある（7・21）というが、これはそのとおりであろう。しかし今生きながらにしてその要求を満たしうるのかとなると別問題である。神は能力、知、意欲において被造物を超え、始原はそのすべての存在様態において始原から生じたものを超出している[1]と解されうる。たとえそうでも、というよりそうであればこそ、魂は神が自己の上に居ることにさえ耐えられない(B2・662)。こういう考えは聖書とは異なるであろう。やはり神秘主義的なのであろう。今は一部しか知らない

とパウロはいっている（第一コリント 13,12）。こういう面について、神が霊の内に自らを生む時、その像の内に神の全体が霊に与えられ、その力が発起する（7・23）といわれている。そのとおりであろう。ガラテヤ 2,20 の場合でも内に生きているキリストの霊にはこういう性格があるであろう。神の全体が霊に与えられているという面が何らかの意味で存しているであろう。

　さらに、霊の憤りについて。このことは今究極まで至らないと満足できないことを示す。啓示としてのイエス・キリストへの信仰では不十分なのである。今の時点で全体ということを求めている。部分では満足できない。救済史の中での働きで満足していることは今は部分で満足していることである。今部分では満足できないことはそこに人の自我が存していることを示す。「完全なものが来たときには、部分的なものは廃れよう。」（第一コリント 13,10）が、今は部分の時なのである。全きものの要求と自己完結性の要求とは一である。究極的なものを今自己化しようとしているのである。自我とは今全てを自己化しないと満足できないものである。こういう両様の考え方は二者択一であろう。

　憤りによる「向上力」によって霊は自らの根源へ迫り、霊は神でも被造物でもないものへ帰って初めて自己自身の根源へ帰り憤りを鎮められる（7・180）。こういう在り方は無我・自我的ではないのか。こういうところへ至れば悪い意味での自我は脱してはいるのであろうが、禅と似ているのである。まさに今究極を体験することを目指すものといえよう。霊の憤発とは彼岸的な神から根本的に脱することで、自己自身の内に自己そのものとして万物がそれを廻って動く中心を体験することを意味する（7・184）。パウロでの救済史的信仰の場合もこういう契機は存しているとはいえよう。ただ今すでに完全な形においてではない。手付けともいうべき要素も入っている。こういう点の相違に自我の有無が現れる。手付けの部分の肯定とは自我崩壊を意味する。エックハルトでは禅と同じでそうではない。自我が神的なものへと転換されているのではないのか。自我の転換は無の世界、自我崩壊は有の世界にそれぞれ対応している。自我崩壊しているので、絶対的な有の神を受容できているのである。自我が転換されて、たとえ無限性を帯びても有でありつづけているので、神、絶対者は無でない限り受容されないのであろう。この場合、たとえ無といわれていてもキリ

ト信仰より見れば無という有なのである。こういう魂の憤りについて"神の怒り"と対比して、前者はまっぴら御免といって神を通り抜けることだとして、魂が一層深く神の内に生きようとの欲求を発しているのだとしている(6・323以下)。

こういう霊神一において、霊は自らの根底へ帰る沈潜の内で自己自らを突き破り、霊を突き破ってくるものと全き一となる絶対的転換は新しい自己、新しい主体性の出現であり、また神と全き一となれる生である(7・161)。現世において神と全く一となるのだから救済史は不要である。絶対的転換という。霊の体を受ければともかくとして、人地上に生きている限り"絶対的"というようなことをいってよいのであろうか。絶対という語を簡単に使いすぎているのではないのか。内面的な心の在り方に視点を置くのでいえていることであろう。心と身体とを一体的に考えた時には絶対的転換とはいえなくなってきはしないのかと思う。また、多を含む三一なる神のところに止まることはできない霊は霊自身の根底において純なる一なので、それは霊ひとりの立場であり(7・23)というように多ということが退けられる。啓示として人に知られているのはキリストだけである。神は今は知られていない。そこでキリストという一のみが存しているのである。霊が純なる一であることはそれでよいのであるが、数とか多とかは元来存してはいない。西谷自身「三一なる神はその三神格の各々において全体であり、またその各々に神の全本質を含む」(7・23)というように、キリストは神の全神格を含む。かくてキリストの啓示を受ければ神全体を知ることとなる。聖書によれば霊とはキリストを信じた後で個人に与えられるものである。終末においてはともかく今はキリストを信じているのだから、ここでいわれている霊とは大いに性格が異なりはしないかと思う。神、キリスト、聖霊という三神格は厳然として存している。今それらの多を一へということは思い及ばないことである。むしろ反対に各人がキリストの体の有機的一体の一部を担っているのだから、信じた後こそ多ということを考え受け入れるのだと思う。それまでは反対に全てを統一的に考えねば人の心は安らがないのではないのか。

現時点で究極を体験するという面はまた、創世記とヨハネ伝にある「初めに」

ということを歴史的にではなくて、魂の立つ現在の瞬間と同時的と考えたことにも現れている[2]。終末論に未来的と現在的とがあるが、こういう面は後者に当っているといえよう。未来的と現在的という観点を同時に含んでおり、これら両側面は共に不可欠であろう。始原は存在として捉えられている[3]。そして被造物は神の言葉の内にある確固とした潜勢的と変化しやすい形相的、外的との二重の存在を持っている[4]。始原の内でとは知性の内でということだが、このことは万物の中での知性の絶対優位という見解に通ずるものがあるという[5]。知性を直ちに神とするのではないが、神秘主義にはこういう一面があるのであろう。旧約では少なくとも神自体を知ることは許されていないのではないのか。「英知をもって天を造った方」（詩編136,5）というところから始原が知性的存在としているが、そういう理解で全てを尽くしているのであろうか。

　また存在は始原として全てのものに時間的に先立つと共に始原として全ての被造物に含まれている[6]。存在は他の全てのものよりも内奥のもので、そこから世界との関係で現れる時、存在として現れるのである[7]。ものの始原はイデア的理念であり、これはまた神の子としている[8]。聖書でいう神の子とはイエス・キリストに限定されていると思う。未来的終末論が稀薄になっていることと関係しているのであろう。世界が存在する以前には神は存在していなかったとし、こういうことに関連してヨブ記33,14、詩編32,9、61,12が引かれている[9]。これらの聖句はエックハルトの解釈に妥当しているのであろうか。人の判断をそこまで及ぼしてよいのか。分を超えていないのか。肉の体のままで究極まで至らないと満足できないところのあることと呼応していることである。神の創造についてこうであると決めるところに問題があるであろう。決めずにおくことができないところが問題である。聖書自体は決めていないのではないかと思う。曖昧さが残ったままになっているのではないのか。人の作った概念の中へ神を引き下ろしてきているのではないのか。始原、即ち存在は知性より優位とされているように[10]。

　神による創造は始原、神自身の内で絶えず行われている[11]。ヨハネ5,17がそのように理解されているようである。そして存在には生まれざる存在（父）と生まれたる存在（子）との二種あり、後者は不断に前者より生まれている[12]。きわ

めて思弁的といえよう。

【注】
1） 中山善樹　同上書 p.46 以下
2） 川崎幸夫　同上書 p.2
3） 中山善樹　同上書 p.86
4） 同上書 p.109 以下
5） 同上書 p.72 以下
6） 同上書 p.78
7） 同上書 p.87
8） 同上書 p.71 以下
9） 同上書 p.74　キリスト教神秘主義著作集 7　エックハルト　創世記注解 p.10
10） 中山善樹　同上書 p.81
11） 中山善樹　同上書 p.79　キリスト教神秘主義著作集 7　エックハルト　創世記注解 p.17 以下
12） 中山善樹　同上書 p.80

第 3 節　神と人との接触の結果

（1）

　マタイ 21,12 に関連して、神がその意志によって支配しようとしているのは人間の魂である（B1・429）と述べ、宮を魂にたとえている。さらに、人は神を人の内に存しているものと見なすべきであり、認識を通して神と私とは一である（B1・455）[1)2)]。こういうことは信仰では終末において初めて実現するといっているのではないのか。同じ個所で引かれている第一ヨハネ 3,2 も終末での話である。終末的次元のことが現在のことになっているのではないのか。また、神が我々の所有地であることにより、全てが神において我々の所有地である（B1・447）。神が所有地であることによって、全てが我々のものというのはパウロのいう、キリストを信じることによって、「すべては、あなたがたのもの

です。」(第一コリント 3,21 以下)というのに似ている。神が所有地とは、「私が神なしには何かをできないように、神は私なしでは何かをすることができない。」(B1・487)ということになる。いわば対等のパートナーのようにいわれている。神は内面化されている。神は絶対的にではなく、むしろ内的に低くされるべきで、上にあったものが内的になった(B1・486)。上にあるものはどこまでも人とは隔絶して上にあるべきである。さもないと陶器に対しての陶工の自由のような要因が消えてしまうであろう。このことは神の魂の中での誕生について、「行いは神に属し、願いは魂に属す」(B2・701)とされていることにも出ているといえよう。こういう状況で、神は魂の中で認識されるが、その時、魂はその知恵でもって自らと全てのものを認識する(B1・432)のである。また、神は魂の全ての力の中へ流れ込み貫流して、それらが神を恵みと愛とにおいて、それらの領域の内にある全てのものの上へさらに注ぐようにするのである(B2・676)。こういう事態において、これは永遠の今であり、魂は全てのものを神の中で新たに新鮮に現在的に認識する(B2・680)。こういうことは禅にもキリスト教にも共通のことであろう。ここでは、「理性は広がりなしに広い」(B2・680)ということが生じている。広狭を超えているのである。

　どういう場合に神は誕生するのか。「魂が時と空間から自由である時に、父はその子を魂の中へと送る。」(B1・445)、「魂は意志、あるいは欲求と共に時から忘れられるのでなくてはならない」(B2・679)。そして、生まれつきのものは失いえないので、私が決して神を失わないように、神は自らを私の内で生む(B2・754)といいうるほどに神と私とは一になる。

　具体的には、意志が神の意志と一に、唯一の一がそこから生じるように、父は天国からその一人子を自己において私の内へ生む(B2・640)というように意志が大切である。また、神は全ての被造物から隔離された清い心と清い魂よりもより本来的な場所を持たない(B1・447)とされているように、被造物から離れることが肝要である。さらに、父は魂に子を固有なものとして生むが、我々が子であることで我々は真正の相続者である(ローマ 8,17)(B1・444)。人としては固有でありつつ相続者としては異ならないのである。これはそのとおりであろう。こういう誕生における神と人との一について、父は私を自己自身と

してその子としていかなる区別もなしに生む(B1・454)。神と私との間に区別なしという。さらに、父が魂の中へその一人子を生むその同じ誕生において魂は再び神の中に生まれるが、魂が神の中で再び生まれるたびに父はその一人子を魂の中へと生む(B1・470)。いわば常時神が生まれていることとなる。しかも、魂は神の内にあって神から神を自ら生むので魂は神の像である(B2・699)、神の誕生においては神の似像(Ebenbild)を神は生起させる(B2・681)とされる。その上、この業を神は隠れた仕方で魂の最内奥において行うので、魂自身もそのことを甘受する以外何もできない(B2・659)とあるごとく、人はただ受けるという。こういう受動は禅の立場からは単なる受動ではないと考えられるのであろう。神を自ら生むという考えは西谷のいう自自合一ということと内的に連なりうることなのであろう。確かに人にとって単に二元的では救われない。したがって"自"のみがあるという一面があるといえよう。そこではもはや神もないといえる。少なくとも二元対立的な神は。キリストが自己の内で生きているといえる時には、キリストは神と一なのでもはやキリストと独立した神というものを問題にしなくてもよい心境になっているといえよう。神が直接でなくてキリストが内に生きることで神と自己との間に一線が引かれている。このことは人が神を僭称することなきようにとの神の英知によることである。

ところで、神が神的であり、理性的である限り、神はどこにおいても魂と天使とにおいてほどに本来的ではなく、過現未の全てのものを神は魂の最内奥において造る(B2・656)。神を信じて世界が神の被造物として今造られることになるのである。神が理性的ということは魂の中に生まれる子もまたそういう性質のものなのであろう。しかし神は怒るということもあることは旧約を見ればすぐに分かることである。また、現在、神が世界を造るというのはよいとしても、終末的次元のことはどうなるのか。現在、過去、未来のものを魂の中で造るというが、そういう人間外のことを内面的次元へと集中させてはならないであろう。人の目は外へと向かうべきである。神の啓示としてのしるしへと。

こういう在り方について、西谷では、自己内での神の子の出生とは人の根底を突き破って神が自らを啓くことで自我の滅却、罪の絶対的否定を意味し、それはパウロの言葉「もはやわれいくるにあらず」などにも現れている経験で

ある(7・167)。キリストを介さずに人の内面に神の誕生を見る点でキリスト信仰ではない。このパウロの言葉には救済史の中での活動が同時に考えられている。決して個人の内面だけをいっているのではない。内面よりも心身全体としての人が救済史の中で活動していることをいっている。また自我性の絶対的否定が肉の体のままで行われると考えているところに罪の理解の不十分さがうかがわれる。神の子の誕生ばかりいって十字架上で血を流したことはいわないのはどういうことであろうか。誕生は何のためだったのか。人類の罪を贖うためだったのである。また、その人間化は神と人間との直接的合一であり、人の内面にも神の啓示が起こりうることを意味する(7・165)。ここにはっきりと直接的といわれている。キリストを介してはいないのである。さらに、神の子の誕生が突破であり、そこに神との合一があるとしている(7・166)。こういう点について、魂の内への神の誕生という受肉の哲学的説明は史的イエスを排除するものではなく、全ての人が神の子になれる可能性を持つことを明らかにしようとしたのであるという解釈も見られる[3]。こういう事態を祈りという点から見て、神と魂とを結合する神の言葉は神の一人子であり、これは魂の内部での神の子の活動を意味するとされる[4]。たとえそうだとしても、人が神の子になれるのか疑問である。たとえキリストの秘蹟に与かった後でも、神が直接人の内に宿ることはなく、あくまでキリストの霊がである。さらに、こういうエックハルトの考えについて救済の出来事の終末論的把握としている[5]。しかし救済史的性格をどこまでも保持したままでなくてはならないであろう。神の誕生ということにおいて終末を待つまでもなく、今神を体験することとなる。現在的終末と未来的終末とが同時に存しなくてはならない。後者が稀薄になるところに禅との共通性が出てくるのであろう。

　こういう事態を霊という観点から見てみよう。「私が今全く私から自由になっていれば父はその一人子を私の霊(Geist)の内に全く純粋に生むであろう」(B2・695)。パウロも「キリストが、わたしの内に生きておられるのです。」(ガラテヤ2.20)といっているのでこの点はそれでよいのであろう。また、神は子を霊の最も内的なものの内へと内的世界として生み、ここに神の根底は私の根底、私の根底が神の根底となるが、あなたがあなたの業を外から行う限り具合

がよくはない(B1・450)。内的と外的とを分けてよいのか。二者択一的に考える必要があるのか。こういう神と魂との根底の一について、「あなたが神を求めないならばあなたは神を見いだす」(B1・490)という。禅のようなことをいっている。祖師西来意の話にも似ている。受け取るものは自己自身以外の何物でもないのだから、受け取るものは受け取られるものと同じ物である(B1・491)。こういう考えなら啓示ということは不要であろう。490頁のところでは「あなたは御自分を隠される神」(イザヤ45,15)を引いているが、イザヤのいう「御自分を隠される神」というのは神の根底と魂の根底とが一というようなこととは異なるのではないのか。内面的なことをいってはいないのではないのか。「霊が神の子となる時、神の根底は同時に霊自身の根底に入ってその根底と合し、神的同一性は霊の同一性と主体的に合する。」(7・23)と解されるが、神と霊とが一になるという点に禅の立場から共鳴するのはよく分かるところである。しかしキリストを信じている場合はどこまでも二が残る、というより二ということにもっと積極的意味があるのである。キリストの啓示に出会いキリストを信じる時は、人の持っている神観が否定されよう。一方、二が一になるような場合はもともと二ではなかったことが顕になったのであろう。人の側でのいわば不純な要素が除かれて純なるところへ至ったのであろう。さらに、霊の内への神の出産とは神とかの光との関係が精神的で非被造的なものの間の関係として神が自らの像を霊の内へ投射することである(7・43)。人の霊に非被造的光が備わっているという発想は聖書的とは考えにくいのである。人の現在の存在の内に非被造的なるものがあるとの考えは聖書に合致しないであろう。そういうところに共鳴するのも禅的に考えるからであろう。

　こういう霊の内への神の誕生については、超人格的なところに張られる関係なので、そこでは有の根底をなしている自意識は人格性といえども彼を根底的に閉塞するので、人間はそれ自身の個体性を失うとも考えられる(7・11以下)。愛の関係を人格的関係として、それに比してということなので分からなくはないが、子の誕生自体が古い人格に代わる新しい人格の誕生である。これぞまさに人格的次元のことといえよう。人格性もまた閉塞性を持つという。確かに古い人格はそうであろう。しかし霊による新しい人格はそういう在り方を脱して

いるといえよう。例えばガラテヤ2,20でのように。さらに、霊は神の内を出で神の根底である神性を自己の根底とし、自身神と等しき神となるが、私が万物の原因であるといわれることも同様である(7・72)。キリスト信仰では霊と一になるのはあくまで神ではなくてキリストなので、自分が万物の原因とはいえないのである。内面的次元を重視するのでこそいいうることであろう。禅と共通的である。現実の世界を自分が造ったのではないにもかかわらず、そういいうるのは現実的、可視的な世界とは別の内面的世界に当人が生きていることを反映しているのであろう。現実の世界が重んじられていないのである。なおこのこととマリヤよりマルタを尊重することとは何ら矛盾しないのである。確かに倫理的な意味はあろうが、それも内面重視から由来していることではないのか。だが最後の敵として滅ぼされるのが死であるというようなところはどこにもない。現実の世界にどういう意味を考えているのだろうか。独立した世界として意味を持っているのか。このことは「キリストの弟子だという理由で、あなたがたに一杯の水を飲ませてくれる者は」(マルコ9,41)というイエスの言葉とも関係している。渇きを癒すという現実的出来事自体が意味を持っている。飲んだ人の内面がどう変わろうと変わるまいとそれは無関係のことである。禅において現実の世界が解脱の対象にはなってもそれ自体が独立した有意味な世界とはなりえないことと共通なところがあるのではないかと思われるのである。

　さて、たとえまずは神が霊の中へ誕生するとしても、霊が神を生むというように下のものが上のものを生むと考えるところに神と人との間の断絶の欠如が現れている。この点は禅には共通的として感じられることであろう。また神と霊との相互的生み合いだが、こういうことは精神的次元に属すことであろう。身体の方はどうなっているのかと思う。「キリストが、わたしの内に生きておられるのです。」(ガラテヤ2,20)とは身体をも含めた自己全体をいっている。身体は現実の可視的世界と共に神の栄光を現すはずのものである。そういう点からいうと、先の相互の生み合いというような人の精神内での出来事は第二義的な重要性しか持ちえないのである。こういう点から見ると、パウロ的信仰ではキリストを信じた時はキリストの霊の中に心身が全体として生きていること

になるであろう。心の中にキリストの霊が当人の霊として宿ると共に身体の外にも霊は満ちていて外からも当人を囲んで守っているのである。

　以上のようなエックハルトの立場はちょうど久松が私には煩悩はないというのに似ている。禅寺なり修道院で生活しているので自己の制約に気づかないのではないのか。パウロのように世俗の世界に生きて伝道していると積極的に世への愛に落ちるのではなくても、主の僕として働く時に自己の不十分さを知らしめられることも生じてローマ 7,7 以下のような告白になったと思う。ある一定の生き方に対応した考え方という性格を持っていると思う。パウロについては禅の立場からエックハルトと比較して、前者では「神の子が天上から降下した軌跡を意識的にとどめていた[6]」が、後者では「人格性の根源をなす生命的自然における無差別的愛の結実を示す誕生という表現が採られている[7]」といわれる。顕現と誕生との相違である。これは救済史的観点の有無の相違からきているのである。ガラテヤ 2,20 自体が律法との関連で語られている。現時点では究極まで至ってはいないのである。エックハルトではイエス・キリストの永遠での誕生についてはともかく、現実界への誕生については救済史的な意味は欠けているのではないかと思う。しかるにキリスト信仰ではその点こそ大切なのである。イザヤ 53 章でもこのことは預言されているのである。神秘主義では現在すでに絶対的なものとの一に入る[8]のだから救済史的要因は欠けることになる。逆こそ真である。その逆がキリスト信仰である。かくて神秘主義へ赴く人は神による救済史に参画するというような広い意味での実践へは赴かないであろう。キリスト信仰へ赴く人は広い意味での実践へ向かうであろう。神秘主義的な道では自我が崩壊するのではなくて、部分的に残ってしまうのではないかと思う。人間的な目で見ればむしろ逆に映るかもしれない。神秘主義では自己が究極まで至っていると考えているのであるから。

【注】
1）　H. Ebeling; ibid, p.311　知性は被造物の方へは向かず、神の探求しがたい本質へと入り込むとされる。
2）　ibid, p.294 以下　魂は神の休息場と解されている。
3）　中山善樹　同上書　p.14

4）同上書　p.60
5）川崎幸夫　同上書　p.19
6）同上書　p.20
7）同上書　p.20
8）H. Ebeling; ibid, p.105

（2）
　神と魂との関係だが、魂は全てのものを認識する能力を持っているので、それはそこで全てのものが一であるところの最初の像へと入ってきて初めて神の内で安らぐ（B1・440）。このように魂は神の内で初めて安らぐのである。さらに、神が真理、あるいは認識可能性を受け取る前に、全ての名状可能性がはずされているところで魂は神を味わうという純粋な存在性の印象の中へと形造られている（B1・440）。魂は神が名状されうる以前のところで神を味わう純粋存在性の中へと形造られているのである。
　次に、魂の像についてだが、それが私と同じでないなら私はあるものを認識しえないように、我々が子であるところで魂の像と神の像とは一つの存在を持っている（B2・724以下）。こういう考えは我々が神を認識できることが前提になっていて初めて考えられることであろう。しかし神を直接には認識できないことが聖書の大前提である。さらに、こういう像については、像は本来それがその像であるところのものから由来し、そのものに属し、その存在をそれから受け取り、それと同じ存在である（B1・493）。像はその存在を神から直接に受け取り神と同じ存在であるといっている。しかも神を理性的存在であるように受け取るとこの引用の少し上で書いている。かくて魂─神の像─神─理性的という連関が考えられているようである。啓示の神とは随分異なるといえよう。神そのものについては人は知りえないからである。像の中への神的本性の形造られ方について、本性の最内奥で魂に押し込まれている純粋な神的な像は非媒介的に受け取られており、像は神を神が創造者であるようにではなく、理性的存在であるように受け取るが、神的本性の最も高貴なものは像の中へ本来的に形造られる（B1・493）。魂の本性の最内奥で神的像が非媒介的に受け取られて

いるのである。非媒介的ということなので直接的ということになる。本来のキリスト信仰ではキリストを抜きにしては人と神とは関わりえないのである。

　ところで、魂は、内的、外的の二つの目を持ち、前者は神の存在を直接に神から受け取るが、これが内的目の固有な働きである(B1・468)。神と魂との近さがいわれている。ただそのようになるには、魂を神は自己と同じ形に造ったが、神を受けようとする者は自己を全く放棄して自己自身を譲渡しなくてはならない(B1・444)ということが必要とされる。さもなくば無を受け取るしかなく二者択一なのである。では具体的にはどうすればよいのか。神のためにあなた自身から完全に出れば、神は神自身からあなたのために出てくるが、その時そこに残っているものは父がその子を最も内的な源泉において生む単純な一であり、その時意志が全ての被造物と全ての被造性から触れられずにある限り、意志は自由である(B1・451)。人はかくて被造性を自己の中から排除していかなくてはならないのである。そこに意志の自由もあることになる。こういう浄化の過程についてはワインの匂いが水の桶の中に入り込むことをたとえとしてあげている(B2・739)。このようにして、魂が正しい認識でもって神に触れれば魂はこの像において神と同じになる(B2・661)のである。神の像において神と同じになるというが、被造物が共にうめき苦しんでいるということとはどう関係するのか。こういう被造物とのよい意味での共感が魂へと語りかけるということは終末以前では認められているのであろうか。人が被造性を超える過程では、個別の人間は人間的本性にとっては偶有性であるから、永遠の言や自由な分割されていない人間的本性は清浄であって個別の特徴はなかった(B2・707)。個別は偶有性として軽視されている。これは禅的考え方には合うかもしれない。可視的現実から一歩退いているのであるから。最後の審判について考えてみても、個別に各タラントンが与えられていることこそ大切であろう。終末の世界でも霊の体として身体が存しているのである。身体的誕生が軽視されている(B2・707)ことを見ても基本的考えが異なっていることを感じさせるのである。キリストの教団を一つの体という有機体にたとえて、各人が互いに部分で各々異なった務めを行っていると考えられている(ローマ12,4以下)。相互の違いこそ大切といえよう。

次に、父と子と霊との関係について。霊は子と聖霊両者から流出するが、三人格の流出と逆流において魂は再びその像のない最初の像の中へと流し込まれ、形造られるのである(B2・721)。魂はその源へ帰ることにおいて最初の像へと形造られるのである。

このようなことにおいて完全な人間は、自己に対して死に、神の内にあって自己自身から離脱し、神の意志の内に高められ形造られているので、彼の祝福は神のみを知ろうとし、神の意志と神とをパウロのいうように(第一コリント13,12)神が私を認識しているように認識したいと欲することの内に存している(B5・477)。ここでの聖句は終末においてのことをいっている。それをエックハルトは現在を生きている全き人間に適用している。これは大きな相違である。罪の有無という問題が介在するからである。

こうして達成されたところ、第六の段階とは人が神の永遠性によって離脱させられ、上へと形造られ、過ぎ行く時間的な生の全くの完全な忘却へと達しており、これより高い段階は存せず、そこには永遠の安息と浄福とがある(B5・500)。現在の生においてすでにこのように最高の段階に達しているのである。終末という契機は不要となるであろう。さらに、神の中に留まる人については彼と神との間にはいかなる区別もなく両者は一であり、神はいつもその人の中に生まれ、人が愛において全く神に適合すれば彼は神的同形性において離脱して形造られ、さらに上へと形造られて、そこにおいて彼は神と一である(B2・687)。このように人と神との一ということは同形性という像を通して実現されるのである。ここでは愛における適合という具合に愛ということをいっている。無ではなくて愛をいう点で、神の誕生が無を生起させるというように無より神の誕生が優先という感がないでもないのである。人が神と同じ像の中へ移されている時は、人はそこで神を把握し、神を見いだす(B2・700)。このような事態はまた全被造物が一者自身における一たること(das Eine)を求めるとも表現されている(B5・489)。愛と共に人格的内容である義についてだが、私が、私を自己の内へ同じものとして形成し生むところの全てのものの子である人間であり、神の子が善良さの子として善く、義の子として義であり、ただ一人義の子である限り、義は生まれずして生むものである(B5・472以下)。愛と義と

の相克としてキリストの十字架が不可避であったのだが、この点はどうなるのであろうか。

　西谷はエックハルトでの裸のままの神（善意とか正義とかの被服なしの神）に寄り添って形造られるということを取り上げ、人格的関係を超えた関係を考えている（7・15以下）。義なる神、愛なる神とは出ているが、裸の神というような発想は聖書には見られない。神そのものを知ることは人にはそもそも許されてはいないのである。禅の立場からすると被服を脱いだ神そのものにまで至るとするエックハルトの考えは自己の立場に合致するのであろう。「絶対自者」（久松）ということであろうから。しかしたとえこういう「形造られる」ということがあっても、それですぐに人格的関係を超えたというように考えてよいのであろうか。禅の立場からはそのように見えるのであろうが、神という言葉を使う限りたとえ裸とはいえやはり人格的内容を持った存在ではないのかと懸念される。無とか空とかというのとは異質ではないのか。神を絶対無としていることに対して、禅の立場の人はそういう面ばかりを強調してはいないのか。逆にいえば絶対無が神なのである。かくて絶対無は同時に人格的内容を持っているのではないのか。したがってエックハルトと禅とは無限に近づいていると同時に無限に離れているのである。

　また、神が自ら万物の原像を流出させるということが取り上げられている（7・60以下）。しかしこれは聖書に啓示された神についていわれていることであろうか。人が自分で考えた神についていわれているだけのことであろう。人の現在の理性で考えられた範囲内での神観であろう。結局、啓示の神については何もいってはいないのである。神が万物の原像を生むことについても、なぜそのように断定的にいいうるのであろうか。神自らが啓示したのであれば分かるのであるが、聖書での啓示ではそうはなってはいないのである。人の想像はすべて無意味であろう。

　自然も恩寵も神のものなので、神がどちらでもって働くかを気にせず、あなたの内に神を働かせ、神にその業を授与せよ（B5・538）。また、（ヨハネ16,7を引用後）私の現在的現れを喜び、自らを形のない存在と一体化しない限り、聖霊の喜びは与えられない（B5・546）。目に見えることと見えないこととが対比

していわれている。霊的なことは後者である。こういう点に関連しているが、人の内で神が業をなす時、神自身が神の業をなす場所になるということが取り上げられている(7・19)。つまり人と神とが二元的であっては不十分とされているのである。禅の立場からするとまさにぴったりの言葉といえよう。自己が今究極のところへ至るのであるから。さらに、こういう点について、西谷によれば、神の全体作用があるのみで、それが絶対受動的に霊に与えられ、受け取るということが止揚されると、それが真に受け取るということであり、絶対能動と絶対受動にまで究極した関係は直ちに絶対能動と絶対能動との関係でなければならぬ(7・46)。神が一切を与えるので、主主合一というようなことが可能なのであろう。確かに神はキリストにおいて一人子を与えた。このことは一切とか無量とかより以上ともいえよう。しかも罪ある人類のために与えたのであるから自己と同一的な者になった霊に与えるのとは異なる。これに対して無量に与えるとはいえ自己と同じ者に与えたのであれば、その実与えたことにはなってはいないともいえよう。血を流したことにはなってはいないのである。また絶対能動と絶対受動との関係は直ちに絶対能動と絶対能動との関係だというが、形式的に考えると確かにそうともいえよう。しかし具体的内容を考えると絶対能動とは他のいかなる者も能動的であることを許容しないことである。一方、絶対受動とは、形式的には受動的ということもないともいいうるが、具体的内容として見れば受動的とはどこまでも受動的であり、どこまでいっても受動的でないということは出てはこないであろう。こういう見方は対象化しているという批判もあるかもしれないが、そうではなくて主体的に考えればこそ受動はどこまでも受動であるほかないと思う。受動のみだと受動ということもないと考えるのは現実的にものを考えていないからであろう。結局、絶対ということをどのように考えるかという問題でもある。現実的に存在するものでは、たとえそれが神のごときものでも、それに対して対立するものがどうしても存在することになるので、そういうものは絶対的ではないことになってしまうのであろう。現実的に存在する一切を超えたところでしか絶対ということはいえないことになってしまうのである。つまり現実的に存在するもので絶対的な存在は存在しえないこととなってしまうのである。さらに絶対能動と絶対能動と

の関係であるということだが、絶対能動を絶対受動に置き換えてもよくはないのか。能動同士の関係を受動同士の関係として考えたらどうであろうか。能動同士で支障がないのなら受動同士でも支障はないのではないのか。このように考えてくると能動とか受動とかという言葉のどっちを使っても内容は違わないということであろう。絶対受動を絶対能動とは考えるが、逆に絶対能動を絶対受動と考えないのはなぜであろうか。神が強制されるというようなことを考えているのであるから、絶対能動は直ちに絶対受動と考えてもよいのではないのか。

「魂は永遠性にしたがって時の中で働いている」(B2・710)。これはそのとおりであろう。しかしそれならどうしてB2・707にあるように個別の特徴の軽視というようなことになるのか。さらに、こういう魂を持つ人について、たとえ不幸がどんなに大きくとも、神の欲することが彼らには全て同じように妥当するので、義なる人々はそもそも意志を持っていない(B1・453)、父なる神が何をなしても、それを最善として受け取る人々は全てのことにおいて全くの平和の内に留まっている(B1・443)、神を正しい仕方で受け取るべきである者は神を全てのことにおいて同じ仕方で受け取らねばならない、苦境においても、健全においても、泣くことにおいても、喜びにおいても(B1・448)。意志における神と人との一致がいわれている。この時、被造物との関係について、ただ被造物において神を愛し、ただ、神において被造物を愛する者は真の正しい同じ慰めを見いだす(B5・474)。これは「泣く人は泣かない人のように」(第一コリント7,30)というのと軌を一にしている。被造物において神をとは神を真に愛していることを意味している。被造物はいわば神への愛の媒介となっているだけである。それ自体が目的にはなってはいない。手放す心で持っていることを意味している。神において被造物をとは神から賜ったものとして被造物を愛していることである。これもやはり手放す心で愛していることを意味しているのである。

特に苦しみについて、神はその重荷を担ってくださるから、神のためにのみ苦しんでいれば、その苦しみはあなたを苦しめないし、難しいものではない(B1・436)。逆にいうと苦しいのは神のためということになっていないからで

あろう。しかし現実にはパウロの例を見ても分かるように川の難、盗賊の難、同胞からの難などが生じる（第二コリント 11,26）のである。かくて苦境においても、神との意志の一致における納得という点で苦しくはないのである。また、「自己を捨てた人間は大変純粋なので世界は彼を苦しめることはあるまい。」(B2・650)[1]。世界の中に生きている自己をすでに捨てていれば世界が当人を苦しめないのは事実であろう。彼のところにくる苦しみは神を通して彼のところにくるので、その味を受け取り、神的性格のものになる(B5・516)ことによって B2・517 にあるように甘さのようになる。さらに、良き人々が苦しんでいることについて、「現存在のこの世界は多くの良き人々にとって全く価値がない」(B5・494)。パウロはこの世のもので「それ自体で汚れたものは何もない」（ローマ 14,14）という。関係はどうなるのか。現実の世界が神によって創造されているとの信仰の有無によるのであろう。後者では神がこの世界を刻々と摂理していると信じているのである。人には測りがたいのである。これに対して、一つの道を行って損害に出会った場合、別の道を行ったらより大きい損害に出会ったかもしれないと考えて慰めを得るべきである(B5・483)。こういう考えは何か論理的な辻褄合わせの観がある。論理が捨てられていないのではないかとの危惧を感じさせる。このことは先の一刻一刻の摂理への信仰とも関連しているのである。また終末での神による判断へと全てが移されていない点が問題である。今究極へ至っているのだからそういうことを考ええないのであろう。その点かえって救われないこととなろう。

　魂の浄められ方について、五官が運び出すところのものが再び魂の中に入ってくる時、魂はその全てが一つになるような力を持ち、魂は身体の中にあって清められる(B1・461)。身体を媒介にして神のところへ帰っていくのである。そして罪への傾向は罪ではなく、罪を犯そうとすることが罪であり、欠点による刺激は徳と努力に対する報奨とをもたらす(B5・513)と罪についていわれている。この引用のすぐ前で第二コリント 12,9 を引いている。徳は弱さの中で完成されるのである。「徳も欠点も共に意志の内にある」(B5・513)として意志の大切さを述べている。第二コリント 12,9 はヨハネ 1,5 と共に B5・479 でも引かれている。ここでは肉親間の自然の愛をなしで済ますと、苦しみにおいて慰

められるとしている。しかしパウロでは傲慢にならぬようにということなので、やはり救済史的観点が入っている。エックハルトではそれはないのである。使命遂行に当たってという観点は欠けているのである。それはそれとしてこのような意志については、「認識は最初の子として理性から生まれ、その後意志がそれら両者から出てくる」(B2・677)。そして理性と意志とが時の上で働くのである(B2・695)。そして神が私を健全にするよう願うことは私にとって価値の低いことであり、私は気前のよい愛に満ちた神につまらぬことを願おうとはしない(B5・496)。彼の全般的考えからしてこれは理解しうるところであるが、パウロは肉体の刺を使うサタンを取り除くよう三度も願っている(第二コリント12,8)。使命を果たすという目的のためである。こういう目的がなく、今現在神性と一であるとの自覚があるからであろう。

　エックハルトでは神の根底としての絶対無ということをいっている。だがここには神という存在が厳然として存しているので、究極と考えているところまで至ればそこから反転してマリヤよりマルタを尊重という人格的な行いという方向へ向かうことにもなろう。一方、禅では最初から神のような人格的存在は欠けているので、たとえ大活現成ということをいってみてもそこには人格的内容が存しているのではない。そこでマリヤよりマルタということは直ちには出てこないであろう。こういうことにも関連するが、人間は隣人に自らを与えて神に自らを与えるが、これは与えないことでもある(7・84)。しかし現実に与えている以上、与えないとはいえない。内面的立場において考えると、全く与えることは全く与えないことともいいうるが、客観的に見れば与えることはどこまでも与えることである。両方の見方が不可欠といえよう。仏教では後者の見方が欠けているのであろう。現実の世界がそれだけ重い意味を持っていないことに対応したことであろう。こういう面に関係するが、その展開は無分別知の立場を離れず、むしろ無分別知の展開なので、無分別の分別ともいわれるが、これは一般の神秘主義にもキリスト教にも見られない仏教に固有な立場といえよう(16・161以下)。仏教固有というがパウロの場合は仏教的要素をも兼ね備えていると考えられるのである。西洋化されたキリスト教しか念頭にないのであろう。キリスト教では現実の世界の中での実践というところへ出ていくが、

第3章　エックハルトにおける神秘主義 ―禅的思想と対比しつつ―　*161*

仏教ではどうなるのであろうか。この世界が神の創造した世界と考えるのでそうなりえたのではないのか。そういうことがないと現実から退くという面が強くなりはしないのか。

　義ということについて、神は義者の中に生まれ、義者は神の中に生まれるので、義者は神の中に、神は彼の中に生きる(B2・684)。魂の中での神の誕生と義ということとが関連しているのであろう。これはまた無になることと義とが関連していることでもある。無ということと神が働くこととが一なのである。ただ、「神があなたの中で、あるいはあなたと共に何かをすべきならば、あなたはまず無になっていなくてはならない」(B2・684)というように無になることを先に挙げている。パウロの場合を見ても神が到来して初めて無も現成するのではないのか。無を先に挙げるところに人間中心的な局面が見られる。このことは、「義の中にある者は神の中にあり、神である。」(B2・685)といっていることにも現れている。"神である"とまでいっている。まさに神秘主義である。パウロ的信仰ではない。そして義人が義に近づけば近づくほど益々自由そのものであるので、義人は神にも被造物にも仕えているのではない(B2・650)。いわば当人の本質が義であるのである。義と自由とが一であるから、そういう点から見て無とはいえないのではないのか。禅とは異なるのではないのか。ただエックハルトにとっては神と無とは一なので、こういう考えに矛盾は感じないのであろう。無義一体なのであろう。

　義についてはさらに、正義に反することほど義人にとってより苦しみに満ちたことはない(B1・453)。業が我々を聖にするのではなくて、我々が業を聖にすべきであるから、聖を存在の上に根拠づけるべきである(B5・508)。誠にもっともなことである。その上、ヨハネが"言は神と共にあった"（ヨハネ1,1)というように、義人は神の許で永遠に、全く同じように生きている(B1・454)。同じように(gleich)ということが出てくるが、ここにもエックハルトの特徴が出ている。ただ神の許というのではなくて、神自身と"同じように"ということである。しかもここでキリストを指しているヨハネ1,1での"言"と一般の義人とを関連させている。キリスト固有の意味はなくなるであろう。さらに、神にあって義を求めれば神は義なる存在なので飲むものがなくなることはない

ので、義人は渇くことはないという(B2・691)。義と義人との一については「彼は被造物を遥かに超えており、いかなる被造物も影響を及ぼしえないからである[2]。」という理解もある。義人は義そのものと同じ存在を持つからとされる。しかし人は肉の体で生きているので、いかに義人とて全くの義にはなりえない。自己自身が自己にとって悩みの種である。ただ「『神が共に悩み給う』悩みを悩む。これが『喜んで悩む』といわれたことである[3]。」。悩みに対して、神からの慰めを求めているのではない。しかしこういう仕方で悩みを処理しきってしまっているのではないのか。ローマ7章ではどこまでも未完の部分が残されていて解決は終末論的に見られている。エックハルトではそういう面は欠けているのであろう。

　原像と摸像とが生において一枚となるところで、正義の有と正義者の有とが同一の有であると語られうる(1・15)。「神の目と私の目とが一つ」(1・21)ということもこのことを示しているのであろうが、ローマ7章はこういうことがなかなか難しいことを示唆している。かくて神やキリストを対象として考えることが不可欠となるのである。

　西谷によれば、無底が根底であり、無から有へ沈むのは最も深く無に沈むことである(7・108)。これはそのとおりである。ただ無へ沈もうにも人をそのような方向へと押しやる原理は神の中にはないのではないか。同じことを別言して、徳を行うことも自己が無になって脱底的に生きるという仕方でなされねばならぬ(7・174)。イエスも「右の手のすることを左の手に知らせてはならない。」(マタイ6,3)という。キリスト信仰ではこういうことが救済史的性格の神を信じることと一になっているのである。対象的に信じていてもこういう行いにとって何ら支障はないのである。しかしこういう行いは人が肉の体として生きている以上限界がある。そこで対象的でもある神への信仰の不可欠、必要性も生じているのである。しかし、エックハルトの場合には、一般大衆への教化の実践は神の懐に帰ることと同様に、その懐を此岸と自己の心身の直下に見いだす立場を含む(7・247以下)とされる。これによると自己を世に対して開いていることになる。確かにエックハルトでは神をも信じているのでこういうことも可能であろう。しかし現時点で究極まで至っていると感じているとそういう

面が弱くならないであろうか。そう感じていると外の世界が外ではもはやなくなりはしないのか。つまり外の世界の意味が消えてしまいはしないのか。外自体が人の内面とは全く独立した存在を持っていてこそ初めて外といいうると思う。救済史的な神という観点から見られて「被造物がすべて今日まで、共にうめき」（ローマ 8,22）といえて初めて外の世界はそういうものとして存することになるのである。さもないと外の世界の重みはなくなる。内面的立場の完成という点から見られている限り外は外にならないであろう。啓示された神というものがこういう外の世界の成立には改めて必要となりはしないのか。啓示された神と外界という表象とは切り離しえないのではないのか。「そこでは内への方向が最も深く徹底されると共に、すべて『内』という限定は消えすべてが外になる。」（7・250）といわれるが、内も外もないのである。すべてが外とは外もないということである。内外一枚の内であり外であるのである。内外の区別自体が無意味となっているのである。しかし「最後の敵として、死が滅ぼされます。」（第一コリント 15,26）という状況は救済史的な神が到来して初めて生ずる。つまりそこには内外という状況が生まれるのである。

　エックハルトがマリヤよりマルタを尊重していることを西谷も取り上げている（7・96）。しかしルカ 10,40 によるとマルタは忙しくて心を取り乱している。これはエックハルトや西谷の理解と矛盾するのではないのか。"取り乱し"というのは「真に神との一に安らう者が真に多くの事により思い煩いうる」（7・96）といわれる際の思い煩いとは異質ではないのか。またマルタ尊重の立場は霊が神性の無の内で霊一人となり恩寵そのものとなることであり、ここでは神という意識もなく自己自身一人の立場である（7・88 以下）。霊一人ということは実践という面をも含むであろう。キリスト教だからこういうこともいいうるのであろう。禅のように最初から究極が無では生の源に成りうるのかと思う。こういう立場が障碍なき人々の行いである（7・92）。しかし人間肉の体でこれを実行しているとローマ 7 章のような反省が出てくるのではないのか。完全無欠のことはできないからである。神と人という二元を先に否定しているので、そういう考えが可能となっているに過ぎないのではないのか。そういう二元がないのは禅、エックハルトに共通である。それに第一イエス自身がマルタよりも

マリヤを重んじているではないか。人は罪あるゆえに無作の能作の立場になりきれないであろう。それゆえにこそイエスはそういっているのであろう。さらに、神と自己とが一つの業を働くという能作的合一においてのみ生ける神に触れうるので、エックハルトの神秘主義はこういう道徳的実践の生活を最も深い立場としている(7・97)というが、それほどまでに実践を重んずるのなら肉の体であるほかない人間の限界というか罪の法則というかそういうものに突き当るほかないのではないのか。"生ける神に触れうる"という。確かに神を意識しない能作的合一に入っている時もありうるであろう。しかしそういう状況に恒常的に入ったままであることはできないであろう。身体には別の法則があるからである。やはりエックハルトや禅には神というものについて、律法がくるに及んで罪が生き返るという面はないのであろう。さらに、マルタの立場については、神の内において自己を脱し、しかも神の内に止まることなしに、世界と人間とを主にした受肉の実践の立場に出ることにおいてのみである(6・101)。これは確かにそのとおりである。だが人には罪があるので終末がきて神の力による変化なしには、ここでいうような状態にはなれないのである。こういう点とイエスによるマリヤの賞賛とは関連しているであろう。終末までは世界、人間を主とした受肉の立場には人はなりきれないことを表しているのである。

　以上のようにエックハルトには何といってもキリスト教が根幹にあるので、禅とは異なる面があって当然であるが、類似の面も大いにあるのも事実である。彼と禅の一心との一ということがいわれている[4]。またエックハルトなどの思弁的神秘主義の仏教的様式として禅を考える人の多いことが認められているようである[5]。エックハルトの「私が神を見る目と神が私を見る目とは同じ」ということも禅的立場からの理解を全く超えているとは見られていない[6]。異なってはいても理解可能ということであろう。そのほかにもエックハルトと禅との類似、ないし共通性が示唆されているが、例えば彼の突破が悟りに該当するとされる[7]。

第3章 エックハルトにおける神秘主義 ―禅的思想と対比しつつ―

【注】

1) J. Bach; ibid, p. 134 罪、世界、自己の断念をいいつつも自然自体が悪いのではなくて、それが人間の意志を不自由にする限りで悪いとしている。
2) 上田閑照　同上書　p. 190
3) 同上書　p.192
4) D. Suzuki; Essays in Zen Buddhism p.126
5) D. Suzuki; Satori p.195
6) D. Suzuki; Essays in Zen Buddhism p.283
7) 鈴木大拙『禅問答と悟り』p.72 以下

第2部　聖書的思考

第1章

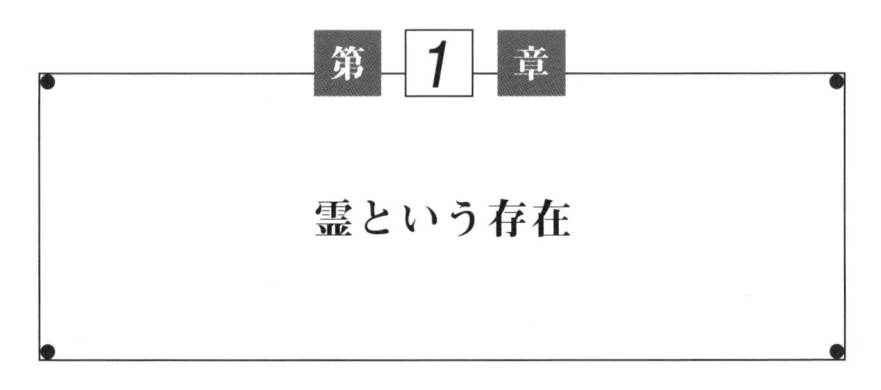

霊という存在

第1節　悪霊、聖霊等霊的次元の存在

（1）

不可解なもの、サタン的なものを人間界の中に人が感ずればこそ旧約の創造物語において神話の形で蛇として表象したのであろう。しかし信仰にとっての重要問題は、この不条理を人に帰因させるか神に帰因させるかである。全能の神の創造による世界の中に元来そういうものが存していたとすれば神の義が問題となる。反対にもし人に帰因させると、そういう人を造ったのも神なので、やはり神の義が問題となる。もっとも神を信じようとするから色々の不可解が生ずるともいえる。そういう前提さえはずせば一切の不可解も消えうるのではないのか。神を信じようとすると神はむごいと感じてしまう。最初から信じていなければ、その分少ししか不条理を感じないであろう。あるいは全く感じないであろう。自然界に対して人間的合理性をもって立ち向うことの不合理に気づけばそこには不合理など少しもあるまい。だからサタンという表象も神を信じようとするからその一方で不可避的に出てくるといえる。もっともこういう表象は自然界と人間の関係からだけでなくて、人の心の中に巣喰う悪への傾向という点からも芽生えてくるといえる。しかしこれとても神信仰を排除すれば、

人が全く性善にできているわけでもないし、またその必要もないのだから、それをことさら不可解、不条理として苦しむこともあるまい。結局、神を信じようとするので、神にも人にも帰しえぬ何か不条理なもののやり場がなくなってしまうのである。かといって神信仰を止めえぬところに人の苦悩はある。人が人格的存在として存することと神信仰とは一体である。神信仰の廃棄は人格的存在たる人の廃棄でもある。もっとも人が人格的存在として生きねばならぬこともないので、それでもよいといえばいえなくもない。これではしかし人はもはや自然の存在と等しくなる。基本的には区別はなくなる。

　次に、この不条理なるものは神に対しての人の罪と連関している。そしてまた罪と死とが、罪から死がきたといわれるごとく連関する。逆にいうと罪なき者は死なぬのである。このことは現代人の自然科学的知識と矛盾はしない。なぜなら罪がないとは決して自然科学的次元での事柄ではないからである。むしろ人格的次元の事柄である。罪なきことは現在の人間の経験的領域の中に入ってこない。したがってまた罪そのものも同様であろう。

　神信仰からの脱悪霊化、非神話化によりサタン、悪霊等の実体的存在は不問に付しうる自由が得られる点が以上で明らかとなる。同じく霊的存在である聖霊についても同様であるのか。もし可能なら結構である。信仰を促進する方向にも、阻害する方向にもそれに関わる霊的存在の実体性は不問に付すのだから。両方向に対していわば平等である。しかし聖霊を汚す罪は赦されぬといわれる点からも、聖霊の実体性を不問に付すのはそれを汚すことではないのか。その場合、実体性を否定しえぬことになる。どうしても実体的なものと信じねばならぬことになる。しかし反面、信仰を促進する方向では実体性を肯定し、反対の方向では実体性を否定するという何か一種の偏向性を感じるのである。いずれにしろここには神、人格的超越者を信ずる際の重要問題のあることは明らかである。思うにサタンと聖霊とが切り離しえぬことは、天使の堕落したものがサタンと考えられもすることでも分かる。神信仰とは神、キリストと人との間の絶対的関係の樹立のことだから両者の間に介在する全てのものについて、その実体性は積極的には肯定すべきでない。中間的存在者—よいものであれ、悪いものであれ—により人の生が影響されることは認められないであろう。神、

キリストへ直結してこそ信仰といえる。中間的介在者により障(さ)えられるのは不信仰である。眼が、したがって心が濁っているので直接神、キリストまで視力が届かぬのである。心の濁りと中間的介在者とが呼応する。両者は相互依存関係にあり、同生同死である。濁りがあるとそれは信仰からの離反への恐れを生む。この恐れは少しでも信仰から人を離しうるごときことに出会うとそれをサタン的な実体的存在として受け取ろうとする。またこの同じ濁りは信仰から離そうとするものに出会っている時、少しでも信仰を助けようとする、正確にはそのように受け取りうるごときものに出会うと今度はそれを聖霊的存在と受け取る。信仰からはずれはしないかとの不安、恐れがサタン、聖霊を生み出す。しかるにこういう不安のあること自体不信仰以外の何物でもない。かくて中間的介在者の肯定は不信仰の助長、肯定でもある。これは不信仰の固定化、常態化であり、反信仰的行為である。

　ここで、聖書での霊の解釈をみてみよう。旧約では一般に霊(Geist)は直ちには何か特殊な宗教的体験と結合して語られてはいない[1]。しかしサムエル記上19,19〜24、民数記11,25〜29等では霊の宿った人が預言したとあるごとく、ただ一般的な神の現前を意味するのみでなく、やはり宗教的に特殊な体験を同時に指示していると思う。さらにネヘミヤ記9,30では「あなたの霊を送り預言者によって勧められた」といわれ、霊と預言者とが並べられ、同義語のごとく使われている。一方、例えばホセア9,7では「預言者は愚か者とされ、霊の人は狂う。」とある。創世記41,38、ミカ3,5〜8等では霊は預言等の特殊体験とは結合せず、真の意味での知恵と結合している。こういう点について、イスラエルは異常現象はそれ自体は人の言葉と区別された神の霊感の保証にはならぬことを学んだとされる[2]。さもありなんである。異言、預言、奇蹟等の異常現象は何もユダヤ教、キリスト教内に特に存するのでもない。異教界にも十分ありうる。否事実ある。何か特異なこと、つまりしるしを求めるのは信仰の不純さである。何か目に見えることに基づき信じようとしている。不可視のことを信じるのが信仰とすれば明らかに間違いだ。異教界がそういうものを持っていてもいわば自然であろうが、キリスト教界はそうであってはならない。信仰は可視的ないかなる支えももたぬ。またあってはならぬ。あればもはや信仰とは

いえない。無が信仰を支えている。逆もまた真実である。信仰は無から創造するが、それに留まらず無を創造する。以上で霊は特殊体験とでなく、真の知恵と結合していることが分かったが、たとえそうでもそれは人を現実の可視界を超えた不可視的、精神的領域へと導くごときものではない。あくまで現実界で働くものである。例えばルアッハ（rûaḥ）という語が神の霊という意味をもつだけでなく、風や嵐にも使われている点でも分かる[3]。いかにイスラエルが霊を現実に働くものと観念したかは、霊という語が例えば出エジプト15,8;10では霊により流れが壁のように立ち上がりとか、海が敵をおおうとかいっていることでも分かる。現実の自然物を霊が動かすと観念している。創世記8,1では風（霊）が地の上を吹くと水が退いたといわれる。このような霊が人間界に入ってきたらどうなるのか。創世記2,7によると霊が入って人は生きたものになった。かくて人を生かすのはこの霊である。霊が人の生命を支えているのだから、人の生命は人自身のものではない。神から人へといわば貸与されている。本来的には神に属す。生命さえ自分のものでなく神からのものだから、ほかのものはなおさらそうである。人にとり自分のものは何もない。自分のものだという意識はかえって人を苦しめる。それを失うと失ったと感じて嘆く。他人が奪うと怒る。我他彼此の区別を立てるのが問題である。一切が神のものたることは一切が他者のものであり自分のものは何もないのである。そして神の霊の赴くままに生きればよいのである。しかるにここに"自分"という契機の生ずるのか悲喜劇の始まりである。これが生ずると神の霊のままには生きられぬ。両者は衝突してしまう。ちょうど信仰が母と娘、父と息子の間に介在して両者相争うがごとくである。天の生命と地の生命とが両立するはずはない。

　また、この霊は人の生命一般を意味するのみではない。元来ものごとを現実的、具体的に発想するのがヘブル人の発想なのでこれは当然のことであろう。霊は色々の具体的働きをなす。例えばダニエル5,11以下では彼は神の霊が宿って知識分別があり夢を解いたり謎解き等をなしうる。生命一般に対していわば特殊な一つの働きといえる。イエスによる奇蹟を認めるのと同様に、夢解きのごとき事態が現実に生じたことは認めざるをえまい。このような特殊な働きはその都度の神の救済史での役目を果たしたであろう。ただ問題は特殊な働きに心

を奪われ、それが神の霊の働きで信仰の徹底だと思ってはならない。現代のごとくそういう事態の余り起らぬ時代もあろう。各人の実存と信仰との一致において信仰の徹底がある。ここでは特殊事態の有無などは問題外だ。生じなくてもよい。我が身に生じずに他の人に生じても何ら支障はない。さらに異教の人に生じて神のイスラエルに生じなくとも支障はない。そういう事態の有無にかかわらず各人が神の救済史のインストルメントになっているのである。

【注】
1) G. Ebeling: Dogmatik Ⅲ 1979 p.85 霊は人における神の現在以外の何物でもなく、かくて神の現前（Angesicht）とほとんど同義でありうるという。
2) E. Schweizer; The holy Spirit 1978、p.11
3) 同上書 p.14 この点についてイスラエルによる神の霊の体験は物質的諸条件と観念的精神的領域との間の区別をこえているという。

（2）

次に、新約に移る。まずイエス自身において。彼自身がどうであったかよりも、彼がどういう者として告白されているかという点から見たい。なぜならイエスは一人の預言者としてではなく主として告白されているからである。当時の信者がどういう者を主と告白したかが示されよう。イエスはまず霊的存在として脱自的経験をしている。ルカ 10,18 では天からサタンが稲妻のごとく落ちるのを見たとされる。マタイ 17,3 以下ではモーセ、エリヤとイエスは雲の中で話した。このように常人にはない体験が表白される。これらの聖句では霊という表現はないが、いわば神の霊によりそういう体験をしたのは当然であろう。イエスは神にして人なので神の霊によりなどと預言者の場合のごときことをいう必要もない。存在自体が霊なのであえてそういうことはかえって奇異である。これに対応して受洗の際には神の霊が鳩のごとく自分の上に下るのを見たとされる（マタイ 3,16）。ここで他の人々でなくイエス自身が見たとされるのが興味深い。真に霊の目のない人々には見えないのである。マタイ 1,18 : 20 では聖霊により彼ははらまれたとされる。このように彼では何か特殊な事態と霊が結合していることが多い。こういう特殊な事態は一般の預言者にはなくイエスのみ

にあったというのではない。例えばエゼキエル 1,4 では霊により彼は神の黙示を見る。ここではイエスに限らず特別の霊を受けた人のみそこへ入りうる特殊な霊的世界の存在が示されている。しかるに現代ではいかなる体験も神からの直接のものとは理性の鋭い人には信じられぬ。否、特殊体験であればあるほどかえって神に直結するとは信じ難い。なぜなら当時の人の理性は神話科学未分化の時代なので宗教的枠の中で作用していたので、特殊であればあるほど神に直結すると信じえた。しかし現代では人の理性はいかなる制約も受けず宗教的枠から解放されたので、当時と逆に特殊なものほど神に直結するとは信じえまい。無我において霊の実の働くところに神の霊の働きを認めやすい。神の霊と一体ゆえにイエスはこういう特殊体験をしたが、それに呼応して悪霊追い出しの記事もみられる。マタイ 8,31 以下では豚の中に入った悪霊がそのまま湖へ落ちる。マルコ 3,20 以下では悪霊のかしらの話も見られる。このように彼では霊が特殊な行いと結合している。霊という表現はないがマタイ 14,13 以下では五つのパンと魚二匹で五千人に食べさせたり、マタイ 14,25 では湖の上を歩いたり、こういう奇蹟的行為は挙げれば限りない。彼は霊的存在としてこういう特殊体験をしたり、奇蹟を行っている。

　聖書の中における当時の世界との共通の要素を見よう。使徒言行録によるとイエス・キリストの名による魔払い(同 16,18)やいやし(同 3,6)がパウロやペテロにより行われている。使徒言行録にはこの種の記事は多い。また洗礼は当然イエスの名で行われた(同 8,16、19,5)。当時の周囲の世界の状況では、魔払いのごときことと洗礼等のサクラメントとを完全に分離しては考え難いのではないかと思われる[1]。こういう関連からも分かるようにサクラメントはデモンから守るというネガティブな機能をも果す。自我へとデモンは色々仕掛けてくるが、自我崩壊するとそういう仕掛けは無効となる。したがって少くともこういう面からはサクラメントは不要となろう。むしろもっとポジティブにいかにデモンと戦うかが問題となる。護るという守勢に立つサクラメントは無意味となる。自我崩壊により魔払いが不要なばかりか、サクラメントなども廃絶すべきではないかとも思われる。というのも洗礼によって賜わる聖霊もサタンやデモンと同様当時のデモノロギー的発想の一端ではないのか。サタンや悪霊を広義

の非神話化により実体的ではないと解釈しつつ、他方で聖霊だけを実体的として残してもおけなくはないのか。信仰を純粋に人格的関係において考えるとすれば、悪霊、聖霊等を実体的に考えるわけにはいかないであろう。仮にそれらが実体的存在であっても、信仰での人格的決断を重視するにはそれらの実体性をあえて否定せねばなるまい。実体的と信じては人が決断する際それらが何らかの干渉をするという考えに陥りやすいからである。幸いにもそれらが実体的存在とは人には知らされていないので、そのように考える必要はどこにもない。もっとも悪霊を実体的に信じぬとはいえ、現実の悪、罪、死を思う時、何か悪霊的なものが存しても不思議ではあるまい。しかしここから直ちにそれらが悪霊によるとするのは短絡的だし、また悪霊を実体化せねばならぬこともない。悪霊の実体をあえて否定もしないし、反対に直ちに実体化しても考えぬところに信仰からの自由が存すると思う。人にとって明確に分らぬことをどちらかに決めてしまわねばならぬことは、そのことによって当人の心が障えられていることを示す。何ものにも障えられぬところに自由がある。

　清めのための媒介物として水、ワイン、油等が使われたようである[2]。マタイ5,13ではキリスト者が地の塩にたとえられている。このことは塩が清めの媒介物として使われていたことを暗示する。水が清めのため使われることは我国でも神社へ詣でて御神水で手を洗うことからも分かる。インドでもガンジス川に入る。このように水による清めは国際的である。特定民族のみの現象ではない。こういう点からみても洗礼での水の使用はその儀式が魔払い、悪霊からの清めというニュアンスのあることを思わせる。塩による清めも日本で相撲の時に塩をまくことから分かるように特定民族に限らぬ。洗礼、聖餐の場合のように水、ワイン、パン等可視的なものがいわば救いの媒介物たることは、特定の色、形のものが救いに介在することで、このことは自我崩壊した信仰へ至るにはかえって妨げにならぬのか。なぜならそういうものがあると人はよい意味にしろ、悪い意味にしろそのものに心をかけることになりやすいからである。そのものにこだわるのである。もっとも自我崩壊して信じていればそういうことも生じまい。逆にまたそういう典礼自体無駄なことである。無駄ごとをあえてするのは百害あって一利なし。イエス自身自己へのこだわりを批判する。マ

タイ 6,17 で断食の時は頭に油をつけよという。悪霊が人に入るのを防ぐために禁欲的行をするが、この批判はたとえ断食しても自我へのこだわりがあれば無意味なことを示す。かくて問題なのは人が自己へのこだわりを去ることである。もしそれが可能ならもはや断食など無意味である。自我さえなくなれば、一切の清め、魔払い、行等は不要である。イエスの批判をよく考えてみると自ずからここへ達する。この点はパウロが祭壇に捧げた肉は食べて差支えないが、弱い良心の人のために食べぬ（第一コリント 8,7 以下）こととも内的に連関する。自由とは自我へ囚われぬことである。こういうことの延長線上にパウロの、洗礼をさずけるために私は遣わされていないという表白（第一コリント 1,17）も存する。自由なら洗礼もまた不要であろう。これに応じて悪霊等を実在するともしないとも決める必要を感じぬ自由が存する。

　たとえパウロでもいつも特殊な体験をしはしない。する時としない時とある。そういう状況、心境にある時と、そうでない時とがある。そういう体験をあえて求めたのでなく、自ずからそこへ達したのだが、たとえ達しても強い信仰はそういうものを重視はしない。かくて信仰の心はそういう体験とは別のところにあろう。それとは別個に後者が生じている。だからそういう体験をする自己を別人のごとく語りうる。事実、別人なのである。信仰の心とそういう体験とは相互独立である。後者と信仰の徹底とも別である。さもないと徹底した時には、特殊な体験がいかに時代的背景あってのこととはいえ現代でも生じるし、また生じねばならぬとの疑問が生じよう。もっとも見方を変えると、強い信仰とは必らずしも人間的意味で徹底した信仰ではない。強さを人間的次元に属さぬとすると徹底はそれに属すともいえる。そしてそれに属すこととして特殊体験が生じる。そうであれば徹底した時の基準として特殊体験は不可欠なのか。しかしこの点は徹底の仕方により異なるであろう。パウロのように精力的に伝道活動する場合は、徹底すると当人の人間性如何により特殊体験が生じるといえる。一方、文化が複雑多岐にわたった現代大衆社会では宗教活動も社会的分業―決して好ましくはない―なしにはそういう状況に対応できまい。いわゆる実践に直接携わらぬと、集団から相対的に遊離するためパウロのごとき特殊体験は生じにくいであろう。身体全体が実践の中にあることを要しよう。これは

当時の迫害ということにも関係しよう。迫害により益々キリストのものとの自覚も生まれ、特殊体験も生じやすいであろう。現代の民主々義ではいかに実践しても迫害はないので特殊体験も生じ難い。迫害があると人の感情は高ぶり、心理状況が冷静でなくなる。また個人の人間性で相違するのも事実だ。催眠術にでもかかりやすい人とそうでない人とがいる。特殊体験が人間主義的事象たる以上同様のことがいえる。

このことと米つぶを吹きとばして地球がなくなったという禅の話[3]を考え合すと興味深い。また禅では夢と現実の区別が分からなくなるとの話も[4]ある。これらは可視界に囚われぬことを示す。ただ禅では神を信じはしないので、こういう区別が消えるという横の区別の消滅という形でしかそういう事態は生じぬ。「第三の天にまで引き上げられた」（第二コリント 12,2）のごとく下から上へという現象は生じぬ。木を木と見るだけなら心は可視界から自由でない。木の枝がイエスの手招きにも見えることも生じうるであろう。トンネルは天国の入口に見えることもおこりうるであろう。

すでに述べたごとく、イエス自身デモノロギー的な世界に生きていたので、彼のいう全てを現代では一度広義の非神話化を通して読み直さねばなるまい。悪霊を実在的、実体的に信じているなら、聖霊をも実体的に信じても不思議はない。しかし非神話化を通す時、果してこういうものが残りうるであろうか。

いかに聖霊がよいことを人にささやいても人がきかねば無意味だ。悪霊が悪をささやいてもきかねばそれでよい。霊のささやきも現に生きている人間の面と向かっての忠告も同じであろう。人が自己の決断においてそれをきくか否かによる。霊といえども決断の自由を奪いはしないし、またそうであってはならない。かくて霊というものもあってもなくても大差あるまい。霊の実在を信じることは一見霊の側に中心があるかに思えるが、実態はむしろ逆に人の側に中心があることから由来してはいまいか。

三位一体とは神話科学未分化の時代に書かれた聖書をそのまま前提にした神学である、そういう聖書をそのまま信じる必要がないのと同様、型にはまった三位一体説も根本から見直さねばなるまい。これは西洋の論理が作り上げたいわば一種の虚構であろう。西洋論理によっていわば簒奪されたキリスト信仰を

再びそこから奪い返さねばならないであろう。

【注】
1） O. Boecher；同上書 1972、p.59 サクラメントがアンティデモーニッシュな典礼でデモンから護るとの意味をもつことが示されている。
2） 同上書　p.39 以下
3） 山田無文『碧巌物語』昭和 53 p.336 以下
4） 柴山全慶『無門関講話』昭和 53 p.284 以下

第2節　聖霊の働き

（1）

　聖霊については二面より考えうる。一つはそれが神自身であること。二つには父、子、聖霊といわれるごとく別の存在であること。しかし一方だけが真実というのではない。まず後者の面について。霊は被造物ではないが、神自身でもない。霊は神の被造物ではないが、神に対しある独立性をもっており、このことは霊が神自身であることとは一致はしない[1]といわれる。こういう事に関連するが、第一コリント 2,10 においてパウロは、「神が"霊"によってそのことを明らかに示して下さいました。"霊"は一切のことを、神の深みさえも究めます。」と述べている。ここでいわれる「そのこと」とは、イエスの十字架に関しての知恵であろう。神はそれを聖霊によって啓示したのである。しかしいかに聖霊によるとはいえ何ら強制力はない。またその聖霊が実体をもっていようといまいと何ら差異はない。なぜならそれ自体がどういうものかが問題なのではなくて、それが人の信仰にどう関わるかが問題であるから。それ自体としては超越的なものなので、それを人が認識、識別しうるのではない。こういう面での聖霊の働きについてだが、それはまた特別の存在であらねばならぬ。そこにおいて神が自ら歩み出るのであるから。キリストにおいて義とされた人

間に神の知恵の奥義を知らせるために[2]である。ここでは特別の存在(besonderte Sein)といわれている。霊は神の啓示を人に示す働きをする以上、神自身とは別の存在を有するのは当然ともいえよう。

次に、聖霊が神自身ともいえる面について。聖霊は世界の霊でも教団の霊でも一キリスト者の霊でもなく、神の霊であり、神そのものである[3]という。神自身(Gott selber)と表現される。真に神自身なら聖霊などということ自体不要だが、なぜ神自身でありつつ、しかも別の存在のごときものを考えうるのか。イエスが弁護者を遣わすといっている(ヨハネ 14,16、16,7)こともあろう。彼自身当時のデモノロギー的世界の中に生きていたのである。したがって彼の言説をそのままにして、それに基づいて考えていたのでは当時のデモノロギー的発想から逃れられないであろう。人の救いを働き出す機能という点では神と霊とは同一であると見うる。神とキリストとは救いという点から位格としては別だが、同じ救いを達成するという点から見れば同一と見うる。要するに神の霊とキリストの霊とは同じもので、同じ働きをする。使徒言行録 2,33 によるとキリストは父から霊をうけそれを信者の上に注ぐといわれている。

このような神と霊との同一性を、パウロにおける信仰との関係において考えよう。まずパウロでは一般に、霊が被造物であるかのようには語られてはいない。また律法は仲介者によって制定されたが、キリストにおける約束は神自身である霊によることとなっているのである(ガラテヤ 3,19 以下)。かくて霊は明確に神の側に属している。聖霊とはパウロにとって神自身であり、自ら教会会員の内に、その働きを成就させるのである。霊とは神自身でもある。ところで、パウロでは聖霊は単に思考、機能、神の行いであるのみでなくて、その固有の存在、霊としての特殊化(Besonderung)における神的存在をもっているとされる[4]。ここでは存在(Sein)をもっているというが、それをポジティブにはあえて規定していない。パウロ自身が必らずしも明確に規定していないのだから当然ともいえる。さらに、この存在という点について「霊がその神的存在をもっているのなら、それが我々の内に宿ることは神の我々の内での現在の奇蹟を意味している。だが奇蹟としてもそのことは説明されえない。物質の混合というストア的表象とは何の関係もない。聖霊が我々の内に宿ることは直観し

えぬし、中立的には確認しえぬ。物理学的な教義とは一致も競合もしない[5]」とされる。そのとおりであろう。明確に規定しえまい。パウロ当時の人々にとってはこういう解釈で全て尽くされていようが、現代人はこれで全て納得しうるか。奇蹟というだけでは説明にはなるまい。説明できぬ（unerklaerbar）とはいえ、そういう説明で現代人は納得いくまい。ここに問題が生じてくる。

このように見てくると三位一体説についても大いに反省の必要があろう。聖書自体の中にあるというより、西洋人の論理的思考が生み出したものといえる。こういう神学的思考も神話といえよう。広義での非神話化の対象となりえよう。

思えば現代では少なくとも中世に比べれば、宗教は社会の片隅へ追いやられている。これに比例して霊ということ一般が同様に扱われている。それにもかかわらず霊のみを当時と同様信仰の中枢にすえるのは時代錯誤ともいえる。そういうことでは、現代での信仰とは何かが不明確なため過去の遺物にしがみついている哀れな状況ともいえよう。

もっとも現代人が病気が悪霊によっておこると信じうれば、神、キリストへの信仰がいわば実体的な聖霊によると何の抵抗もなしに信じうるであろう。悪魔のごとき、信仰を妨げる存在より、信仰を助ける聖霊を実体的に考え、信じる方が、信仰の決断の自由を阻害するのはなぜか。それはそれが人を助けるという点である。人に奉仕しているからである。ここには人間中心的な色彩を見うる。人間中心的に働くものを生かす結果、人はかえってその分だけ信仰を失うであろう。信仰の自由を失う。だが聖霊は人の信仰の自由を害さぬよう働きえぬのか。信仰の強弱にもよるが、一般的にはそういうものがあると、人はそれを勘定に入れるので、純粋な信仰にとっては有益とはいえないであろう。

こういう点から見ても、一回的という契機はポジティブにではなくて、ネガティブに考えられねばなるまい。そう考えることが信仰の根本義にも合致しよう。

一回的であると同時に、それを契機にしてその後何回もという事態は実体的なものの所有については妥当すまい。実体的たる限り部分の所有では不完全であり、是非とも全的所有でなくてはなるまい。さもないと所有とはいえない。一回的と同時に多数回的にという関係は人格的関係のごとき、非実体的な関係、

物事の場合にはいえよう。人の救いが問題になっている時に、霊を実体的と考えるのなら、二度と失われえぬごとき仕方で受け取らねば受け取ったことになるまい。また実体的なものについては、人がそれに関係する場合、人の"自己"の否定により関係は成立するとはいえまい。なぜなら実体的なものの所有では所有する人の"自己"は否定されては困るのであるから。また、もし実体的なものの到来により否定されるのなら、人の自己というものは文字通りなくなってしまうであろう。

　さらに、聖霊の人間界への働きについて。人において信仰が現実化するには神の側からの働きかけが不可欠であり、主体的な現実化へ人は自らでは用意ができていないという[6]。自ら(von sich aus)という語の意味にもよるが、自分からは主体的(subjektiv)な現実化(Realisieren)ができぬというのも何か神の側からの働きかけに重点をおいているかに見えるが、逆に見ると人の側での決断が回避されている印象も受けないでもない。イエス・キリストの出来事を知って決断する時にはそれは自分の内からでもある。このことはキリストを信じたら、当人が「主と同じ姿に造りかえられていきます。」(第二コリント 3,18)ことと対応する。バルトによると主の昇天以後は教会の建設にしろ、個人が再臨を望むことについてにしろ、全て聖霊によると考える。しかし例えば教会建設にしろパウロという個人の働きを通して行われている。人の働きを通して間接的に行われている。直接聖霊が介入したのではない。ここには個人の信仰的決断が介在している。むしろパウロのごとき人の存在を可能にしたことが神の働きとはいえよう。ともかく全てを聖霊の働きとして見て間違いとはいえぬにしろ、それはあくまで神の立場に立ってのことである。人の立場に立てば、神や聖霊の働きの内実というものをもつと明確に見すえねばなるまい。

　イエスは「二人または三人がわたしの名によって集まるところにはわたしもその中にいる」(マタイ 18,20)という。このことは聖霊がそこに臨在するのと同じことを意味する。しかしこういう場合でも実体的な何かがそこに存すると考えねばならぬことはない。そこに集まっている人々の心の中にイエスが生きているのであろう。人々の人格を導き、さらには支配しているごとき力を有しているのであろう。しかしそういう事態が可能であるのは、そういう人々がイ

エスを信仰しているからである。しかるにこの信仰は人格的決断からくるほかないものである。そしてこの決断は究極的には人が自己の生き方をかけて決めることなので、聖霊にしろ悪霊にしろ、そういうものはあってもなくても根本的には無関係ともいえる。またそういえるぐらいに自己実存的な決断でなくてはならない。神自身さえも人の神信仰については人の自由を重んじる。決して信仰を強制などしない。キリストや聖霊もまたしかりである。

　K. バルトは「特別の贈与(Zuwendung)と贈り物(Gabe)とに基づいて」(『教会教義学』Ⅳ／1975 S.721)において人が自らはできぬことをもできると考えていることからも分かるごとく、聖霊という賜物が人に何かをさせると考えているごとくにも受け取れる。これが彼の真意か否かは別にして、こういう考えでは人は決断の自由を失いはしないか。確かにイエス・キリストの出来事を知らねばできぬことを神は人にキリストの出来事を示してさせるとはいえる。しかしそのことは聖霊という実体的な何かがあることではない。彼自身も「聖霊はそこにおいてイエス・キリストが自分自身を立証し、しかも効果的に立証し、人間の間で人間の中に聴従を得させるような力である」(同上書 S.724)と述べる。実体的に考えることは決して不可欠の要件ではない。もっとも人に聴従を得させるといっても、当人の決断を無視してのことではありえぬ。

　さて、アニミズムのごとく何か実体的に霊的なものを考えるのは、人が自己の精神的自由を失っていることと関連している。悪霊を考える場合も同様である。これに対し神を信じるのは、人が自己の精神的自由を得るためである。前者ではそういうものの存在により、人はそれらに支配される。それらは人の存在の根拠になっているものではない。後者では神は人を人格的存在として存せしむるもので、同時に人の自由の根拠でもある。人格は神によって自由となりうる。物であれ、霊であれ(霊も被造的なものだが)、それらによっては人は人格的自由に至りえぬ。益々不自由となろう。自由になっている、なりうると思いつつ、実はそれは不自由でしかない。人格としての存在の根拠になっているものが、同時にそれの自由の根拠でもある。このように考えてみると、聖霊を実体的に考えているとすれば、それは霊的なものについての不完全な(少なくとも現代から見て)考えが聖書の理解の中にも混入しているのであろう。

では人格の存在の根拠がなぜ自由の根拠であるのか。人は前者を知って、自己の帰すべき所、そこから自己が出てきている所を知る。たとえそういう所、即ち神からどういう扱いをうけようと、そういう所を知ること自体の中に自由の根拠がある。存在の根拠を知ることが即ち自由の根拠である。世にあってどういう扱いを受けるかによりいわば染汚されている場合には、まだ真に存在の根拠を知っていない。自己の存在がいわば無の中を漂っているにもかかわらず、究極の存在の根拠たる神を知らねばならぬほどそういう問題によって苦しめられてはいないのである。このように見てくると義認論が信仰の中心とはいえまい。なぜなら人格的存在として新たに生まれたことにより、自己の義の問題は放ち忘れられているのである。自己の存在自体が放ち忘れられているので、当然ともいえる。自己の存在が忘れられることにより義認論は凌駕されている。またキリストとの同時性といういわば一種の神秘性が中心ともいえない。これらは全て、自己と存在の根拠との関わり方に重点をおいた見方であろうからである。そういうものがあって別段悪くはないが、人の存在の根拠たる神の存在を知ること自体が人の自由の根拠というところまで純化されなくてはならない。こういうことに関連するが、心が安きを得るというのも疑問なしとしない。イエスの最後の言葉「エリ、エリ、レマ、サバクタニ。」（マタイ 27,46）は心の安きとは正反対なのではあるまいか。全巾の信頼をおいていた神から見捨てられる苦しみに勝るものはない。何ぞ我を見捨て給いしという叫びにおいて、まさに神の召命が現実化しているのを見うるのである。イエス自身を模範として見る限り積極的意味での神との合一のごとき、人の幸福への欲求と合体したごときことに神の召命を感じようとするのは邪道であろう。世から、即ち神から捨てられていることの内にイエス・キリストとの共感、連帯があるのではないのか。そういう人の言動があとから振り返ってどう評価されるかは時代によっても異なるであろう。

　存在の根拠を知ること自体が人に自由を与えるとはどういうことか。第一に人は自己の根拠を知りえて無の中を漂うごとき存在ではなくなって自由となる。神により人の存在は存在として固定されるのだが、それによりかえって自由となる。不自由が自由である。さらにいえば不自由とか自由とかの対立もな

くなっている。その結果、第二にこの世での自己の存在の在り方（世からどう扱われるか等）から心は自由である。根拠を知ることにより自由になりえたのだが、当人の心は元来そういう世に属す事柄により染汚されてはいないのであろう。

　思えば人格的存在はそれ一個で独立完結した存在ともいえよう。神を知る前はそうではない。知った後で初めて独立完結した存在となる。もっとも神たる他者を知らねばならぬ点で完結的でないともいえるが、被造物たる人間にとりこの点は仕方ないであろう。神から離れると非完結的であるどころか存在そのもの（人格的存在としての）が消えてしまう。したがって人格的存在とは完結的であるか、あるいは全く存しないかのいずれかである。人格的存在とは、そういう存在としてはこのように生きるほかはないというその道を生きることを意味する。必然的にこのようにしか生きる道がないその道を生きている。必然が自由ということである。したがってまたここではこの自由が失なわれる可能性はない。もし人格的存在として生きうる道が二つも三つもあれば、それらは全て自由の喪失と一であろう。次元が異なるが、動物が本能に従って生きるところには必然がありつつしかも不自由はないのと同様である。人にしろ動物にしろ必然的にそうしからしめられている道を生きるところに自由がある。これはまた自由はないともいえるし、そういっても同じことをいうにすぎまい。自由は、それとは反対の拘束しているごとき何かを連想させる。しかし人格的存在に対しては何ものも人格的たろうとするのを止めえない。人格的存在にとっては自由とか不自由とかの問題は元来ないのである。どんな困難も人格的存在にとっては不自由を意味しはしない。人格的存在を何ものも拘束しえぬ。このように自由も必然も問題外の状況で生きれば、喜びも悲しみもないのか。否、そうではない。いかに必然に従って生きるとはいえ、具体的な人生の経過においては、どう生きるかはその必然が決め、生み出していく。かくてここには必然から生まれてくるところの諸々の決断があり、またそういうことを要求してくる状況がある。そこで状況への関わりにおいて喜怒哀楽が生じてこよう。

　次に、霊には「新約聖書での霊の働きは合理的ではなくて超自然的である。奇蹟、神的な力の証明。倫理的洞察でなくて、脱自、異言である。パウロは勿論、

霊は新しい変化をもたらすといっている。しかしパウロは新しい変化の可能性が超自然的で、神によって起こされた奇蹟であることをいおうとしている[7]」といわれるように、超自然的モチーフが根本で働いている。霊の実（ガラテヤ 5,22 以下）についても、超自然的変化からの一結果として考えられているともいえる。新しい世の到来というモチーフと連動している。しかし超自然的という言葉の意味だが、いわゆる奇蹟のごときことをのみ意味してはいないであろう。むしろ根本的にはイエスを神の子と信じる信仰の生起が何よりの奇蹟とせられねばなるまい。いわゆる奇蹟のごときことは他の宗教の世界にいくらでもあることである。むしろ奇蹟的なることによって目が障えられてはならない。そういうことから自由たらしめられることこそ霊の働きといわねばならない。ちょうど神自身を知りえぬように、人は霊自身を見たり知ったりできぬ。霊の働きとしてこの世、可視界に現われたものにつきそれを霊によれば知りうるのみである。イエスを神の子と信じる信仰の生起が霊のこの世への発現の最大、最高のものであろう。

　さて、聖書当時では全物事が霊によって生じ動かされていると信じられていたとしても不思議ではない。したがって信仰だけが霊によらぬと信じるのはかえって無理だし、また事実そういうことは生じなかった。霊によって生じぬものはいわば何もないのである。自然現象もいわば霊によるのである。神信仰のみ霊によらぬと信じられていたらそれこそ不自然である。病気でも悪霊により生じると信じられていたのだから、信仰が神の霊によるとされても不思議ではない。悪霊の存在が信じられていたごとく、神の霊が信じられていたのも首肯しうる。現代では病気についてそういう信じ方をしないのと同様、霊についてもそうではあるまいか。また霊についてそういう信じ方をするのが現代における信仰という点から好ましいともいえまい。病気は悪霊によるというよりも、自然的科学的原因による。もっともそのうちには心療的要素も含まれてはいるが。同様に神信仰にも科学的原因があるというべきである。それは人格的決断である。霊の世界がいわばはぎとられて、自然の世界や人格的決断の世界（これも広義の自然界と考えて）が顕わになったのである。かくて奇蹟とか霊とかの実体は人格的決断というべきではないのか。ただ人格的決断というと、ある

一つの人格がその決断の前後において一貫しているという印象をうける。かくて人格的転換という方がより適切であろう。地から天に宝と心を移すことにより人格が超人格となるともいうべきであろう。こういう事態は、ちょうど悪霊による病気の実体が細菌等であることに応じている。病気は目で見て分かるが、原因たる細菌は目で見ても分からないので、それを悪霊によると考えた。そのように神信仰という心の変化は形をとって外へ現われて分かるが、当時は何か起こるとそれを霊に関係させるのが一般的なので、信仰も霊によって起こるとしたのであろう。もしそういう発想がなければ心の決断という事態がもっと前面に出たことであろう。「心で信じて義とされ」（ローマ10,10）というごときことも書かれている。これが霊の実体であろう。

【注】

1) F. Buechsel ; Der Geist Gottes im Neuen Testament 1959 p.400 以下
2) K. Stalder; Das Werk des Geistes in der Heiligung bei Paulus 1962 p.77
3) K. Barth; Kirchliche Dogmatik Ⅳ/1 1975 p.722
4) K. Stalder ; ibid. p.68
5) 同上書 p.68
6) K. Barth Ⅳ/1 p.721
7) H. Conzelmann; Grundriss der Theologie des Neuen Testament 1968 p.54

（2）

さて、聖霊がイエス・キリストと結合している点について。まず霊とはキリストの霊の意であり、したがって、霊の人（pneumatikos）とはキリストにある人間のことであるといいうる。このように霊にあることとキリストにあることとが対応する。

聖霊と人の霊との関係についてだが、第一に両者は別のものである。聖霊が人の霊の代りに個霊として入ってくる。聖霊は全くそれ自身である。一方、人は一個の人である。そうして初めて彼は個霊として真の人間となると考えられる。聖霊と人の霊（そういうものが存するとして）とは別のものである。かくて聖霊といっても何か実体的な超自然的なものが入ってきたりはしない。実体

的に聖霊を考えると、人の自由な決断が妨げられよう。超自然的な強制が我々の決断の代りに入ってくるのではない。聖霊が働く時には、人がまさに初めて人自身となるように導く。聖霊と人の霊とは決して合体したりはしない。むしろ聖霊が人の心の中に入りきたる時は人の心は無になっているのである。さもないと入ってこないであろう。また合体しないということは聖霊が人によって所有されたりしないことを意味する。この点についてローマ 8,9 での霊という語の使い方については、パウロは霊についてヨハネ 4,24 においてのように霊をもって神を礼拝することを語ってはおらず、神自身が人の近くで、人の内において行為することについて証言しようとしている[1]といわれる。ヨハネでは神は霊であると端的にいうが、パウロではそうではない。「宿っているかぎり」（ローマ 8,9）というが、これはいわば仮定的にいっているのであり、いわゆる注入（infusa）を指してはいないであろう。むしろ人の側の条件としては霊が宿りうるようなむなしき状態にあることを指している。第一コリント 6,19 で「聖霊が宿ってくださる神殿」というが、これは霊が人の心の内に宿っていることもあることを示している。しかしこれも infusa ということを意味してはいないであろう。ローマ 8,9 でいうごとき、宿る可能性が現実性になっていることを示す。infusa というのなら二度と失なわれえぬという性格がなくてはなるまい。しかしパウロはむしろ反対のことをいっているであろう。聖霊が宿ることについて語られるのは、聖霊が人とは異なった何かであるからである。このようなことは同時に聖霊が各個人を超えた、より高次のものたることを示す。かしてこそまたパウロは第一コリント 2,9 以下において「わたしたち」と語りえたのであろう。聖霊による啓示がパウロ個人に限られるものでなく、教団やそのメンバーに広く開かれていることを示すのである[2]。ここでも聖霊が救済史的性格のものたることが分かる。

　霊とは基本的には「主の霊のおられるところに自由があります。」（第二コリント 3,17）といわれているように、個々の事柄において「義」に基づいて判断していく自由、囚われのなさを意味している。そしてこのことが終末において実現する霊の体へと連なっていくのである。決して神秘主義的、体験主義的な事象を意味するのではない。こういう側面は派生的、付随的、非本質的次元に

属すことである。かくて霊にあっての自由とは義における自由、義への自由といいかえることもできよう。逆にいえば義に反しては真の意味では人として自由ではありえないことを意味する。

　霊の働きは時空を超えている。そこでイエス当時も現代もその働きに相違はないのである。というよりも霊が働くことによってその場を時空を超えたものにするのである。またこういう霊はもとより物質的性格のものではない。仮にもしそういうものと考えられたら、それは霊的物質であり、霊ではない。イエス・キリストの出来事をそういうものとして信じるとき、そこには物質的性格のものは介在してはいない。むしろ逆に人格的な力が働いてそういう人格的決断に合致するような身体的動きを生み出しているといえよう。そのための物質的な変化は生じているといえる。物質的変化より人格的決断が先行しているといえる。前者は後追いをしているのである。霊がその役割どおりに働くには確かに身体的にある一定の条件が満たされる必要があるであろう。例えば身体が健全である、さらにはイエス・キリストを信じようとするような心的状況が生み出されるように、細胞の構成がなされていることなどが考えられる。だがそういう身体に関しての条件が整えられること自体もまた神の導きによる準備として考えることができよう。そういう意味では身体レベルでの導きこそ神の導きによる霊の働きと一の出来事として考えられよう。こういう点から考えると、身体レベルでの導きこそ大切とも考えられる。なぜならそれなしには人格的決断が生じることもないともいえるからである。ここから判断すると、イエス・キリストへの信仰はまさに神によるそれ相応の準備あってこそ初めて、人の決断によって生起することだといえよう。そういう意味では信仰はまさに神によって与えられたものといえる。人が自己の決断として行うことではあるが、それはただ単に当人の自由な決断によってというのではないのである。むしろ人の自由はないともいえるのである。否、人の自由と神の導き、準備とが一になっているといえるのである。どちらが欠けても信仰は生じないといえる。双方が不可欠なのである。というのもいくら神が導きによって身体レベルで準備を行っていても、人がそれに応じた信仰への決断を行うとは必ずしもいえないからである。ここにこそ当人の自由が働く幅が存しているといえる。ある一定

の幅の中でその中の一つの選択肢を人は自己の選択として選ぶのである。だからこそその決断に対しては裁きということが予想されるのである。

　神の導きに応じて働くところの人の決断における心の働きは人の五官では捕らええないのである。つまり物質的、身体的性格のものではないのである。見ることも、触ることも、聞くこともできないのである。身体レベルでの基礎的条件、状況の存していることは分かる。だがそういう前提条件があって、その上でそういう条件には制約されない自由な決断が生起しているといえよう。人格対人格の応答というものはそういう性格のものといえる。そして人格的決断の幅の中にはイエス・キリストへの信仰的決断が存しているのである。いかなる人の場合にも幅の中にそういうものは入っているのである。決断自体の中に身体的、物質的なものが入っていないこととイエス・キリストへの信仰的決断にいわゆる体験的、神秘主義的要素が入っていないこととは対応していると思われるのである。体験的要素は五官によって捕らえることができるのである。そういうものは信仰にとっては不純な要素といえるのである。体験的要素は身体レベルのところに依存しているのである。そこに根拠を持っているのである。身体的次元のものによって支えられている信仰は信仰としては不十分である。無の中での決断であってこそ信仰といえるのである。何ものにも依存していない、いわば無の中に差しかけられている信仰が生起しているのである。いかなる人の場合にも決断の幅の中にはイエス・キリストへの信仰への諾否は入っている。そうであればこそ人はもっぱら人格的存在といいうるのである。例外なくその幅の中に入っているのである。もし入っていなければ、人ではない人ということとなるであろう。こういうことは人が自ら選んでそういう状況に自己を置いて初めてそういいうることとなるのである。神が自らそういう状況に人を置くことはありえないのである。なぜなら神は人を自己の像として造ったのであるからである。身体レベルのところに依存していては脱自は生じえない。なぜなら身体とは自己に属しているものだからである。そこを脱して初めて脱自といえるのである。神への信仰を人が自己の側での身体レベルのところへ依存させようとするのはまさに本末転倒であろう。神次元のことを人次元のところへ基礎づけようとすることは誤りであろう。かくてそれは罪を反映している

ことといえるのである。

　いわば無に差しかけられた決断をすることによって、人の自己としての存在もまた無に差しかけられた存在になるのである。ここで初めて無から創造された存在になるのである。というより身体レベルでは何かが先に存しているといえる。かくてここにはそういう形成があるといえる。その形成の上に創造があるのである。身体レベルでの形成とその上での人格的創造とが存しているといえるのである。かくてそれら両者は二者択一ではなくて、統一的に把握すべきである。そういう意味では創世記に出ている創造物語は正鵠を射ているといえるのである。無の中に差しかけられている信仰、またそういう信仰によって生まれた存在であればこそ可視的に存しているものと共に過ぎ行くことになったりはしないのである。時間による制約の外で生きることになるのである。要は時空的次元に属している一切のものから自由な生を生きることとなるのである。時間の中に生きつつ時間の外に生きることとなるのである。そういう在り方は即ち永遠の生の先取りであり、そういう生のいわば担保ともいいうるものであろう。

　さて、霊を受けることに関連するが、洗礼に際し父と子と聖霊の名によってとよくいわれる。受洗したからとて直ちに霊の人たりえぬことはコリント教会の状況が示している。この点を思うだけでも洗礼に特別の意義があるとは思われない。洗礼などという儀式があるので、かえって真の信仰の何たるかが隠されていると思われる。もっとも義認ということとの関連で一概に洗礼廃止ともいかぬかもしれない。しかし受洗が自動的に義認を生むのでもあるまい。霊と洗礼の関係について、「パウロによれば霊は洗礼の際に(bei)、あるいはにおいて(in)、あるいはそれによって(durch)与えられるとしばしば主張される。しかし我々はこの主張に対していかなる根拠づけをも見出しえぬ[3]」といわれる。すでに信仰している者が受洗するのだから洗礼を受ける人はすでに霊は受けていると考えられる。洗礼や聖餐が霊を媒介すると一義的に明確にパウロは述べてはいないであろう。第一コリント 12,13 では霊をうけることを洗礼と結合させてはいるが、「クリスポとガイオ以外に、あなたがたのだれにも洗礼を授けなかったことを、わたしは神に感謝します。」(第一コリント 1,14)、「キリスト

がわたしを遣わされたのは、洗礼を授けるためではなく、福音を告げ知らせるためであり」(同 1,17) などの言葉を考えあわせるとき、これは洗礼という事実があるのであとからそういう解釈を与えたということであろう。

　次に、洗礼の由来について。まず聖霊との関係だが、最古の洗礼の様式はイエスの名においてとのみなっており三一論的様式はマタイ 28,19 において見いだされる[4]といわれている。このように両者は元来結合していたとばかりいえない。こういう点について「新約聖書ではマタイ 28,19 においてのみ出会う三一論的な洗礼の様式は説明を必要とする。なぜならほかのところではイエスの名においてという洗礼の様式が前提されているのだから。使徒言行録 8,16、19,5、（第一コリント 1,13；15）等では、イエス・キリストの名へとなっている。使徒言行録 2,38、10,48 ではイエス・キリストの名においてとなっている[5]。」といわれる。三一論的いい方はマタイ 28,19 のみであって、しかも少なくともパウロではそういういい方をしていない。彼は洗礼を重視してはいないし、それに関連して聖霊ということもいっていない。さらに「イエス・キリストの名へ」(eis to onoma Iēsou Christou) という洗礼がより古く、原始キリスト教的な実際に対応しているであろう[6]といわれる。このように最初は洗礼は"イエス・キリストの名において"という性格をもっていた。さらには"父と子と聖霊の名によって"とただいうことと三位一体ということとの間には大きな質的変換があるといわねばなるまい。三位一体という論理ならざる論理の中へ神的存在をいわば押し込めるという点である。これにより神は人の思惟を超え、それの枠を破るごとき者ではなくて、逆にそういう枠の中に収まった存在へと変質されられたのである。このように考えてくると、洗礼の時"父と子と聖霊の名によって"といっても、"父と子の名によって"といっても、本来人の思惟を超えた神の働きの下に行われる以上差異はあるまい。その都度その都度の信仰への決断が大切という点からも一度決断したらそれでよいのではない。受洗者は内、そうでない人は外という差別はこういう信仰の実態とも合致すまい。このように考えてみると聖霊を何もあえて特別視することはないであろう。さらに洗礼の行為は高挙されたキリスト自身に由来するのでなくて、マタイ教団の洗礼の実行を前提としていると想定されるべきだと考えられている[7]。たとえキ

リスト自身から出たものであっても、イエス自身当時の世界の中で生き考えていたのだから、それをそのまま踏襲すればよいともいえまい。広義の意味での非神話化の対象となろう。ましてイエス自身に由来しないのならなおさらである。

また、洗礼が信仰生活の中でどういう位置を占めているかについても現代とは異なっていたであろう。新約における洗礼の特別な決断の性格では、回心の実存的な心理学において基礎づけられている[8]ような「決断」のごとき近代的、哲学的側面より、キリストとの「出会い」ということが重んじられたのである。しかるに出会いということが各人の実存的決断による受け入れという厳密な意味で考えられていないのである。だからこそコリント教会のごとき状況も生じたのであろう。そして決断を厳密に考えぬことと福音の世界中への前進、即ち教団の拡大と洗礼が結合していることとが無関係ではあるまい。例えば使徒言行録においては洗礼は 2,40 以下からも分かるごとく福音が世界の中へ前進していることを強調するために報知せられている[9]。福音の対外的な宣伝が重要だから、心で信じているとの意味では不十分な場合も多くあるであろう。しかるに現代では日本のごとき非キリスト教国でも教会は津々浦々にまである。かくてこういう意味での洗礼の意味は薄れている。内面的観点からも洗礼は無意味であろう。したがって内外共に無意味と思われるのである。また使徒言行録 2,41 では洗礼を述べているが、2,47 のようにあとで信者が増える場合には洗礼に触れていないのである。このことは教会がいったん造られたらその後の洗礼による教会の成長には使徒言行録の著者は興味を示さないということであろうか。洗礼における教団というものの意味については、マタイ 28,19 での洗礼の証言に関して、ただ教団のメンバーとしてのみ受洗者は教団へ全体として与えられている霊の賜物に与かる[10]とされている。マタイ 28,19 が示すように洗礼は個人に対してよりあらゆる民族をイエスの教団へと召喚する点で大切である。また地上の生前のイエスが弟子に個人的に霊を与えたのとは教団を前提としている点で異なるとされる。さらに洗礼と霊との結合は使徒言行録において必ずしも明白でない場合もある。例えば同 8 章では霊は洗礼と共にではなくて、ペテロとヨハネが手を上におく時に初めて授けられている。また同 10 章では

霊は洗礼の前に注がれる。ただルカがこれらの個所において洗礼と霊とが互いに分離されえぬことを前提としている点は注意すべきであると考えられよう[11]。

さらに、洗礼の力について。パウロが第一コリント1,17で洗礼を授けるためでないというのは、彼がそこの教会の最初の改宗者にしか洗礼を授けていないからであって、決して洗礼自体を軽視してではないという見解[12]もある。しかしいずれにしろ洗礼が救いを自動的に造り出すのでないことはいうまでもない。聖霊にしろ洗礼にしろ人の人格的決断の自由を妨げえぬのである。それらのものは根源的にはあってもなくても同じである。人を信仰へとつなぎとめておく力はない。聖霊などを考えぬとなると、人の決断が全面的に問題になる。いい逃れはできない。創世記1章のアダムとエバの物語では聖霊はどこにもでてこない。命の息(同2章)はでてくるが、これは聖霊とは異なるであろう。後者は人の神信仰を助けたりするが、前者は一回的に人に吹き込まれただけである。アダムが罪を犯そうとしているまさにその瞬間になぜ神は聖霊を送ってそうならぬよう導かなかったのか。神がいかに干渉しようとも人の自由を妨げえぬのである。人の決断の前には聖霊も無力である。人の堕罪をあえて阻止しようとすると人は自由を失って人でなくなってしまうであろう。こういう意味からも聖霊とか悪霊とかは本来の信仰の場にはその存在をもちえぬものであろう。しかし啓示は存せねばなるまい。神と人との間には罪と死という断絶があるので、啓示が啓示になること自体も困難である。だが啓示として示されたものへと人は達する以外救いはない。したがってそこへの過程において神は人を助けるが必然的に人がそこへ達するのではない。この点は出エジプトにおいて途中で多くの人々が死ぬのと同じである。人が相応しい自己理解をせねばそこまで達しえぬ。血を流して罪との戦いをしないとそこへは達しえぬ。したがって啓示へ達するための媒介のごときものは厳密に考えれば存しないのであろう。なぜならそういうものが仮にあってもそれが必然的に人を信仰へまで連れていきはしないのだから。媒介という以上、必らずそこまで導くのでなくてはならない。啓示を啓示とし、媒介を媒介とするものは人の決断である。このように考えてみると、啓示とか媒介とかは人の決断の世界の中には元来ないものともいえる。もっとも啓示なしにはそういう決断ができぬので、啓示と決断と

は同生同死ともいえよう。

　聖書という文字に書かれたものに心が囚われていると、現代では当時の人のメンタリティとは大いに異なるので、それはまた肉的なこととなろう。コリント教会でのごとく異言等を重んずるは、あるいは霊的現象を重視するのは、かえって地に属すことであろう。なぜならいわゆる霊的現象も被造的世界でのことだからである。天とは、霊界をも含めた被造界全体に対して対置される言葉でなくてはならぬ。近代ぐらいまでにおける聖書と人との関係と現代におけるそれとでは大いに異なっている。現代ではまず聖書に基づいてというのではなくて、まず人の救いとはと問わねばなるまい。過去のことへと心と目を向けるのではなく、自己自身及びそれが置かれている状況へ、即ち即今当所へ集中せねばならぬ。

　このように考えると、イエス・キリストの出来事が現代に生きる我々への何よりの呼びかけである。神はこれにより人を自己へと招いている。この上さらに聖霊によりどう呼びかけてみても無駄であろう。キリストの啓示を知らされても神の方へ心を向けぬ者を神の方へ向けさせる方法はあるまい。本当はキリストの啓示をも人は知るべきでないのかもしれぬ。なぜならその方が人は自己の内からして決断するほかないからである。少しでも他から信仰へと導くごとき要因はない場合の方が、信仰は純粋であろう。しかしキリストの啓示なしには現実には人は信仰へ至りえぬ。信仰においてはつまずき（スカンダロン）はそのままにして信じねばならぬ。それを回避する道はない。現代という時代を思う時、聖霊というものを考えることも、信仰におけるスカンダロンの回避ということとどこかで連らなっているごとく感ぜられるのである。

【注】

1）　K. Stalder; 同上書 p.427
2）　同上書　p.95
3）　同上書　p.79
4）　H. Conzelmann; 同上書 p.66
5）　K. Kertelge; Der sogenannte Taufbefehl Jesu（Mt28,19）p.34f〔Zeichen des Glaubens Studien zu Taufe und Firmung（Benziger Herder）1972〕

6） 同上論文 p.35
7） 同上論文 p.32
8） W. Breuning; Die Bedeutung der Taufe fuer die Einuebung im Christentum p.162〔Zeichen des Glaubens Studien zu Taufe and Firmung（Benziger Herder）1972〕
9） J. J. von Allmen; Notizen zu den Taufberichten in der Apostelgeschichte p.52〔同上書〕
10） K. Kertelge, 同上論文 p.37
11） H. Conzelmann, 同上書 p.66
12） J. J. von Allmen, 同上論文 p.45

第2章

啓示の神への忠誠

第1節　思想的背景

　主従的相補性の下では人が神の対応に失望するにしろ、狂喜するにしろ驚く事態はたびたび生じるであろう。この場合驚きの対象は表面的には目の前の出来事である。だが真の対象は出来事の背後にある神そのものである。出来事において神を見ているのである。義、善が心を占めているということは神が心を占めていることを意味する。かくて神以外のものを見ることはないのである。そこで驚きからその原因者たる神の探求へと向かう。その点ギリシャ哲学における驚きとは性格が異なる。ここでは自然の中で自然のものについてその在り方に驚いているのみであろう。それを超えたものは何も現れはしない。そこでそこから自然の探求へと向かう。それ以上には進まない。このような状況とも関連して、神と人との「間」の領域は垂直的という指摘がある[1]。人間同士のような対等な他者との関係は水平的というわけである。神との関わりを垂直でイメージするのはブーバーがユダヤ教徒だからということもあるであろう。キリスト教ではイエス・キリストにおいて神は人となった。そこで人はキリストのところへいけばよい。これは決して垂直ではなく水平である。人にはキリストを信じて罪が贖われて初めて我─汝の関係が生じる。それまでは我─それの

関係しかなかったのである。我―汝という関わり[2]は互いがそれぞれの主体性を確立していて初めていえることである。これが欠けていると相手を自分の何らかの目的の手段として見ることが不可避的に生じる。つまり"それ"として見るのである。趣味、仕事などによる主体性は暫定的なものであろう。究極的主体性は宗教によることとなろう。それの確立はそれまでのほかの主体性を作り変えるのである。これは我―汝関係の作り変えを含むであろう。それまでの主体性の確立は自我の確立による。それに対してキリストへの信仰によるそれは逆に自我の崩壊によっている。この契機があって初めて霊が心に入ってくるといえる。信仰によって自我が確立したような信仰でも霊的行為はありうるであろう。しかしそれは人の自我がそういうことを霊と信じて行いをしていることを意味するであろう。崩壊してこそ真の霊的行為といえるのではあるまいか。西洋的思考ではブーバー流にいうと我―それ関係が支配している。そして"それ"の広大さと我という存在の矮小さとの間で人はニヒリズムに陥る。この点は我―汝関係の場合も同じであろう。確かに聖書の書かれた時代にあっては自然的世界は今の理解ほど広大ではなかった。そこで我―汝関係で考えると、我―それ関係とは全く異なる理解があったことであろう。しかし現代では人が自己を客観的に見る限り広大な"それ"の中で我は余りに小さい。しかも我―汝、我―それの二者は共に真実である。二者択一というわけにはいかない。そうである限りたとえ我―汝関係を基本に据えても、それのみでは全てを尽くしえない。やはり東洋的な無という思想が不可欠ではあるまいか。広大な宇宙といえども無の立場に立つことによりその広大さは消える。そこで初めて神の啓示が人に迫ってくる。我―汝ということがそこで初めて生きてくるといえる。有無一の無にも立ちうることになって初めて有の世界における人の存在の矮小さを克服できるのである。しかるに西洋的考えも、それに基づいた自我の確立による我―汝の世界も有の世界に立脚している限り、有の世界の中での出来事なのでそういう克服をできないであろう。

　さらに、ブーバーはイスラエルの民は直接のエムーナー（信頼）において神に関わるという(Zwei Glaubensweisen)。直接ということなので神についてのイメージを介してではない。唯一絶対というごとき概念もない。だからこそ

パウロを「〜ということ」を信じる信じ方 daß-glauben だとして批判するのである。神と人との間に何も介さないのである。偶像崇拝禁止ということもこういうモティーフと関連しているであろう。何らかの像が間に入ってくると間接的になってエムーナーではなくなる。「わたしは絶えず主に相対しています。」(詩編 16,8) ということでの直接性は世界観ではなく、生関係の原現実性を意味するという。しかしいくら直接とはいっても神とイスラエルとの間にはトーラーが介在している。全くの直接とはいえないことはないのか。ユダヤ人はそれを大変尊重しているのだから。トーラー抜きではエムーナーも成立しないのではないのか。ただトーラーは生活と行為との原理なのでそこから神についてのイメージを描くことはできないであろう。しかしこういう直接性はヨブを見ても分かるように危機に陥る危険性と一体である。一方、パウロでの間接性はこういう危機に陥ることのないものである。人としてどちらを選ぶのかが問われる。答えは自明ではないであろうか。

　ここで旧約的思想理解の参考としてユダヤ教神秘主義に少し触れておこう。啓示ということが考えられる以上、超越的世界がこの世界へ突入したのである。そこで人が超越的領域へ向けて現世的領域を超えていくのではない。ここには基本的にいっていわゆる神秘主義は生まれえないのである。超越的世界(その実超越的ではない)の体験が大切なのではなく、啓示において示された神の指示への随順が大切である。内面性の重視は結局人間中心的な営みなのである。このような旧約的な基本的感じ方があってこそ、大略次のような考えも成立する[3]。ブーバーにとって神秘主義とはこの世の聖別にある。神的なものを万物の中に見ることを意味する。こういう考えは聖俗二元論を除去する。神秘主義と預言者的宗教とは矛盾しない。以上である。世界が神の被造物であると心底から信じれば当然そうなるであろう。そこで預言者は自己のエクスタシスに価値を置かず、それを通して与えられた神の言葉を民に伝えることに一切を賭けたという理解[4]は正当であろう。預言者は神と民との間にありつつ自己の側に立つのではなく、神と民という他者の側に立っていたのである。さらに、メルカーバー神秘主義ではエクスタシスの絶頂にあっても個の独自性は保たれ家来と王との関係のように王の壮大な広間に入るのを許されると考えられている[5]。

旧約の考え、立場とユダヤ教の神秘主義とが全くの合同かという問題もあるが、いずれにしても神からのメッセージを宣べ伝えるには個の存在は不可欠である。神と人との区別は保持されたままなのである。そういう意味ではギリシャ思想の立場からの神秘主義とは異なるといえる。またハシディズムと禅との同異について大略次のようにいわれている[6]。まず同という点。不立文字。沈黙の尊重。師弟関係中心の真理伝達。次に異という点。禅では絶対と人間性との同一性が前提。具体的なものは絶対へ達する手段。悟りの瞬間の前では時間の次元は解消。ハシディズムでは両者の断絶性が残存、個人と歴史との分離は起こらない。具体的なものの中に神的なものが閉じ込められている。悟りの瞬間を非歴史的なものへの転落から救う。以上である。こういう相違は結局絶対的、人格的な神への信仰の有無に帰着する。ギリシャ的、西洋的世界理解は有の世界を見ている。一方、禅的、東洋的世界理解は無の世界を見ている。実はこれら有無の両世界は表裏一なのである。新約についても同様であるが、旧約的世界理解は啓示によってこの表裏一の世界が突破されたところに開かれているのである。かくてユダヤ教は基本的にはいわゆる神秘主義にはなりえない。ただ過去には神秘主義的思想もあったのである[7]。旧約を正典としていても神秘主義的教えが生まれるということは人類全体に共通的なものとして神秘主義的考えが存していることを示している。旧約そのものは神秘主義に対しては許容的ではないと思われる。ただそれを受け取る人の側において人間共通的要因として神秘主義的受け取り方が生まれるということであろう。

　こういう観点から見るとき、「自分自身を愛するように隣人を愛しなさい。」（レビ記 19,18）という言葉の解釈においてユダヤ教とキリスト教とで重大な差異はないとの理解[8]は興味深い。隣人愛の命令が共にトーラーの総括と確認されている。このことと平行して重要なことは、学者達の第一の課題はユダヤ民族の生命に関するトーラーの解釈を拘束的かもはやそうでないかを説明することであった[9]。これはマタイ 16,19 においてペテロに天国の鍵が与えられることについての叙述である。そういう性格のトーラー解釈がこういう鍵を握っていたのである。愛の実行と生命とが共に問題とされていることは重要と考えられる。こういう点にも関係するが、ヘブル語のシャーマ（šāmà）は聞く（hoeren）

であって従う(gehorchen)ではなく、聞く者が聞いた内容でその後の態度を規定させることを表現していると解されている[10]。心の奥底まで届くように聞くとは当然こうであるほかないであろう。右の耳から聞いて左の耳から出ていくのでは聞いたことにはならない。それでは単に聞こえているだけである。「聞け、イスラエルよ。我らの神、主は唯一の主である。」(申命記 6,4)といわれている。新約では「聞く耳のある者は聞きなさい。」(マルコ 4,9)といわれている。これもそういう事態を反映している。従うというと何か他からいわば強制されて行っているというイメージが湧く。それでは不十分であろう。日本語でいうと従うとか服従というよりも随順という語がより適切となろう。随順といえば内面的に理解、参与した上での賛同を表しているからである。それに対して服従は不承不精での行いというイメージである。こう考えてみると自我が問題となる。服従では自我の崩壊はない。かくてパウロについて自我の崩壊をキリスト信仰と一と見ることは正しいのである。無条件に聞くとなると当然こういう契機が不可欠である。西洋での哲学、神学のように自我前提ではないのである。東洋的無我ともいうべき要因が含まれているように思われる。神の言葉に出会い、それを真に聞くことは、人の側での自我崩壊と対応している。理解、参与には脱自という契機が伴う。一切の疑いの排除にはこれが不可欠である。服従とは自我という前提を意味する。自我崩壊の内には哲学的に論理整合的に考えたり、神秘主義的になったりすることの克服も含まれているであろう。

　ここでディアスポラのユダヤ人であり、熱心なファリサイ人であったが、回心後にキリスト伝道者となったパウロについて旧約、ないしユダヤ教的立場との関連で考えてみたい。ブーバーによれば、イエスは自分をある特定の者として考えるよう求めないが、パウロにとってはイエスを自己が宣べ伝えているそういう者として認識することが救いへの門である[11]。パウロによる daß-glauben(ローマ 10,9;5,8 以下など)はユダヤ教本来のものとは異なるということである。ユダヤ人が先祖から受け継いできたものではないのである。確かにそういう一面はあるであろう。キリストが死んで甦ったという事実を強調するのであるから。また人の救いがその事実に依存するのであるから。こういう問題については次のように考えられる。一方には直接的なエムーナーの立場から

の西洋的 daß-glauben の批判がある。他方には西洋的な自我による哲学的、論理整合性による神学が存在しているが、これは間接的である。これらに対してパウロの立場はそれらのいずれでもなく自我崩壊による間接・直接とでもいうべきものである。ブーバーの、パウロがその後の daß-glauben の元凶との主張はパウロが西洋的な論理的な詰めをしないままにしているという事実を見落としていると思う。やはりこの点は彼がユダヤ教徒であってキリスト教徒ではない、つまりキリストによる贖いを受け入れないという事情が反映していると思われる。西洋の神学はこれらとの対比でいえば間接・間接とでもいうべきかと思う。パウロが西洋化の方向へ一歩踏み出しているのは事実であろう。しかし次の一歩、つまり第二歩目は踏み出してはいないのである。この点こそ大切な点なのである。ところで彼の考えによると、律法による義と信仰による義とは二律背反であると一般には解されている。ただ"福音はかえって律法を立てる"という一面もあることを忘れてはならない。確かにイエスは「わたしが来たのは律法や預言者を廃止するためだ、と思ってはならない。廃止するためではなく、完成するためである。」(マタイ 5,17) といっている。これによると律法は大変尊重されている。一方、パウロは「キリストは律法の目標であります、信じる者すべてに義をもたらすために。」(ローマ 10,4) という。これによるとキリストを信じれば律法は度外視されることとなる。両者の乖離は大きいといえる。しかしこれら両者は対立的にばかりも解釈できない。「目標」とは終わりでもあるからである。終わりとはキリストにおいて律法は成就されたことを意味するのである。神の一人子の血によって初めて律法は成就されたことは律法の重大さを改めて示すのである。律法はキリストによってしか満たされないのである。そしてそのように信じる人もキリストによって義と見なされるのである。

　キリスト信仰では律法よりも信仰の方が優先している。こういう事実は間接的というよりは直接的に神への信頼が受け取られていることを表す。ただキリストは神と人との間に入っている。しかしキリストは神でもあるので、"間"とはいえないこととなる。かくてブーバーのいうように間接的とはいえない。基本的には直接的である。ただ目に見えるか否かの違いがあるだけである。神

自体は見えないから直接・直接ではないが、間接・直接である。キリスト自身「わたしを見た者は、父を見たのだ。」（ヨハネ 14,9）といっているとおりである。これぞまさに直接的というほかない。人は身体を持った存在なので、相手もそういう存在であって初めてその関係は直接的になりうる。神は不可視の存在なのでそのままであっては直接的存在にはなりえない。キリストのように受肉して人にとって見える存在になって初めて人との関係が直接的になりうる。キリストにおいて神が身近な存在になったといわれるが、そのこともこういう事態と一のことであろう。神が人の目に見える存在になって初めて人はモノローグから解放される。不可視な存在が相手では基本的にはモノローグである。そこで直接的というよりも根源的には接という事態は欠けているので、「直」的ということとなるであろう。なぜなら自己内でのことであるからである。接という事態はあくまで他が存していていうることであろう。パウロはダマスコ途上でキリストに出会い、キリストが内に生きる存在になっている。この出来事が彼の原点である。かくて彼の言動はすべてここから理解する必要がある。律法を完全に成就したキリストから見るとき律法の意義が顕わになるのである。パウロは律法をキリスト中心的に理解するのである。廃絶どころではないのである。キリストに出会えばこその律法理解といえる。律法がキリストへ導くという一面があると同時に、逆にキリストから見て初めて律法の意味が理解されるという一面とが一なのである。ユダヤ教徒にとってはそもそもキリストは論外である。そこで預言─成就という発想はない。したがって今いったような観点から律法を見ることもないのである。律法はそれ自体として尊いのであって、どこか、何かへのいわば一種の通過点ではありえないのである。

【注】
1） 稲村秀一 『ブーバーの人間学』1987 56 頁
2） 同上書 p.95
　三段階目の我一汝という救済された人間存在について次のような問題が出てくるであろう。ユダヤ教ではキリスト教と違い、悔い改めによって自己の罪を自己で贖いうるのであるから、その分余計に自我の確立とそういう人間存在とが結びつきやすいといえる。悔い改めとキリストの出来事を贖いの出来事として信じることとはどう異なるのか。前

者は体験的なことで、そうすることによって自我が確立する。後者はそうではなく自我を捨てることが求められる。つまり自我の崩壊が必要である。前者では罪に苦しみ自我は崩れかかっている。悔い改めによって確立する。後者では人の一切の努力は神の前では無効である。人の側に属す全てを捨てねばならない。それには自我の崩壊が不可欠である。さもなくば人はどうしても自己の力によって何とかしようと考えてしまうからである。これがまさに自我である。

3）平石善司 『マルチン・ブーバー』1991 p.173
4）関根正雄 『イスラエル宗教文化史』1964 p.142
5）イジドー・エプスタイン 『ユダヤ思想の発展と系譜』安積鋭二、小泉仰共訳 1975 p.253
ユダヤ哲学が懐疑主義に、カバラーが霊的アナーキーに陥るのを防いだのは中世ラビニズムであるという。このようにユダヤ教では基本的には神は生ける神なのである。人はそういう神に対して自己を開いて応えるのである。いわんや自己の努力で贖いが得られるのだからなおさらである。
6）平石善司 同上書 p.64 以下
7）アラン・ウンターマン 石川耕一郎、市川裕訳『ユダヤ人 その信仰と生活』1983 p.148
十二、三世紀の神秘主義としてゾハールのものがある。現実の背後の神的構造と機能に集中する。構造の中心は十のセフィロートからなる錯綜した統一体である。これについての表象は神話的である。伝統的ユダヤ教との衝突は不可避であった。
8）M. Limbeck;Das Gesez im Alten und Neuen Testament 1997 p.106 以下
トーラーの影響下で通例となった集会内での（innergemeidlich）態度はイエスにとって十分ではなかったという。イエスはトーラーを自己の光の中で読んだという。イエスの読み方ではトーラーは神の人間への無限に好意的な親切を伝える機能を持っていたという。
さらに、F. Avemarie, H. Lichtenberger（herg.）; Bund und Tora 1996 p.247
G. S. Oegema ; Versoehnung ohne Vollendung
9）M. Limbeck ; 同上書 p.140
10）同上書 p.8 以下
サムエル記上 15,22 についてドイツ語訳を次のように訂正すべきだという。例えば wie am Gehorsam を wie am Hoeren に。ただ聞くことの次には隋順ということがでてくるので両者は全くの別のことではないであろう。
11）M. Buber; Zwei Glaubensweisen 1994 p.103 以下

第2節　歴史的状況

（1）

　捕囚は次の意味においてイスラエルの歴史での一種の転換点であった。大略次のようにいわれている[1]。申命記ではイスラエルは歴史的、自然的な結合体で本来的意味で民族である。主の意志は特定の歴史的状況の中で語られた。捕囚後は律法がイスラエルを規定、異民族を分離して、自民族の範囲を狭くした。しかし律法は歴史と無関係の妥当性をもつものとなった。神の戒めは教義的意味の律法になり始めた。イスラエルは歴史から離れた。以上である。心への霊の銘記によってこういう事態が展開してきたのであろう。非歴史化してユダヤ教が登場したといわれる。民族の限定と律法の非歴史化という、考え方によってはいわば二律背反的な二つの状況が同時に遂行されることとなったのであろう。ブーバーなどのいう、律法は生活の指針という考えはこういう事態の結果といえよう。ただし後期捕囚後の期間になってくると律法はパウロの理解によるようなものになってくるのであろう。

　歴史の主体が神であることに応じて、神は神自身の名誉を重んじる。「イスラエルの家よ、わたしはお前たちのためではなく、お前たちが行った先の国々で汚したわが聖なる名のために行う。」（エゼキエル 36,22）といわれる。32節でも同様のことがいわれている。神自身の名誉のためにイスラエルを捕囚から解放するというのである。神が第一義である。歴史は神のためにあるのである。歴史上の出来事はすべて「神」発である。こういう信じ方が現代において可能であろうか。我々には自然科学的考え方が染みついているからである。神が主催者というような信じ方が可能であろうか。人は堕罪により本来のところから堕しているが、この点を知的に理解しきれないことと平行して、こういう信じ方もできにくくなっているといえる。しかしそれでは旧約時代の頃の信じ方と

は違いが生じる。それでよいのか。確かにそうかもしれないが、そのことがはっきりするのは終末においてである。神と顔と顔とを合わせて見るときであろう。それまでは分からないのである。問題はそれで人に属す全てを捨てうるかという点である。ただ倫理観は捨てられないであろう。これを捨てては信仰そのものを捨てるのと同じであるから。ほかのものは捨てられよう。旧約時代には先のように直ちに信じえたのであろう。神話と科学との未分化の時代であるから。科学が入ってきて信仰はその分純化されねばならなくなったのである。

　預言者は神と人との間に生きる。というより神の側に神によって立てられているといえる。かくてそういう預言者は世界に対し、世に対し、人に対し、自己に対し死んでいるといえる。神に生きることは同時にこういう意味での死と一である。彼にとって一切の可視的なものは終末に達しているのである。そこで預言者は今すでに世界の終末の彼方に生きているといえる。そしてそこから言葉を発しているのである。ここで少しいわゆる終末についての預言者の言葉を考えてみよう。まず「乳飲み子は毒蛇の穴に戯れ　幼子は蝮の巣に手を入れる。」（イザヤ 11,8）といわれる。人と蛇との間の融和がいわれている。両者ともそういうものとして存在することは変わってはいない。パウロの場合とは大分事情が異なっている。現実の可視的世界が根本から変わることなど考えていないようである。問題は現代において終末をどう表象すればよいかである。当時としては先のような表象でよかったのであろうが。先の聖句に倣って考えると、「諸民族は争いを止め、また知的な面では広大な宇宙を人は自己の世界として解しうるようになるであろう。」ということとなるのであろうか。だがこれでは現状の裏返しではないのか。しかしそういうことなら先の聖句もそうではないのか。一般に死後の世界は考慮に入っていない。そこで終末も現実的世界の中で考えることになる。こういう信仰の在り方と平行して、世界の在り方が根本的に変わるという事態を前提とするような、そしてまたそういう事態を惹起、導入するメシア信仰は生まれにくいのではないかと思う。現実を超えた状況を思わない限りメシア信仰はそれが生まれる地盤を見いだしにくいであろう。イザヤ 53 章でのメシア預言はあったとしてもである。

　イザヤ、エレミヤについては預言者的要素を読み取るよりも、ダビデ王朝へのイ

スラエルの希望の線で作成された約束において読むのが正しいともいわれる[2]。ダビデ、ソロモンから知恵の教師(箴言など)を経て再びダビデ的な王という線へ帰っていくという観点から見るのがよいといわれている。

アモス 8,2 での「最後」、ハバクク 2,3 での「終わりの時」による終わりという概念はダニエルで終わりの時となり、これは苦しみの期間を経て導入されるが、ミカ、エレミヤなどがすでに使用していた像であるといわれる[3]。ダニエル 10 章では戦いが起こるとされているので、これは民にとっては苦を意味するのである。

　たとえヤハウェが戦いを主導するとはいえ、いつも勝つとは限らない。例えばペリシテ軍との戦いで敗れている(サムエル記上 4 章)。しかも二度続けて。二度目には神の箱さえ奪われている。特にどういう落ち度があったかはここには書かれていない。落ち度はなくても敗れることはありうる。神の意志を自己の意志としなくてはならない。白紙の心で事実を神の意志として受け入れるのである。5 章によれば神の箱が運ばれたペリシテの町々は次々と災いを蒙っている。こういう事態をイスラエルは予想しえたであろうか。神は人の思いをはるかに超えて思い図っておられるのである。神のハーヤーである[4]。神の主権的決断と人の白紙の心とが一致しうるものなのである。人の傲慢は低くされ、主のみ高くされるという(イザヤ 2,11 以下)。ここでは神と信仰からはずれた人との相違がいわれている。倫理的価値でのそれをいう。こういう次元での高低の差が絶対的な神の"手"という発想とも結びついているのであろう。聖と俗との差である。生命と死との差でもある。神を見た者は死ぬということとも一致する。しかし預言者は例えばイザヤは主が御座に座っているのを見ている(6,1〜5)。かくて特別な人が特別な時に特別の仕方で見るのは許されているのであろう。エレミヤの場合には、「わたしはあなたを母の胎内に造る前からあなたを知っていた。」(1,5)が示すように予定説的考えが見られる。パウロも類似の告白をしている(ガラテヤ 1,15)。仏教へ移して考えれば、開悟の際、神に向けてこの種の告白が生まれるのであろう。自己の存在全体が神の意志によって裏打ちされていると自覚していたのである。二つの別のものがあって、次に一致というのではもはやない。神の意志が全てなのである。それに対する

人の側のものは何もないのである。だから支えられているのではない。同じものの両面なのである。ただイザヤ、エレミヤ、アウグスティヌス、ルターなどでは二元的な点は共通しているのではあるまいか。二元的ということは召命に抵抗したという事実(エレミヤ 1,6)にも出ている。回心前のパウロもそうであろう。それに対して回心後のパウロではキリストにおいて罪の問題が決着しているので、二元を克服しているように思われる。もとよりパウロ以外の人にも悪い意味での自我からの解放はあろうが、ルターなどの西洋ではキリスト以後ではあるが、その受け取り方が二元のままであるのではないか。そこでパウロとは異なる。罪という問題が究極的に解決していないと、それが人に自我を形成させるのである。悪い意味のそれではないが、清さの反面として人は罪の自覚を持たざるをえないからである。自我崩壊とはそういう持続した状態からの解放である。かくて自我が形成される素地になるものは信仰しても存続しているといえよう。ルターではそれが良心という形をとっているのであろう。ただパウロでは回心前は反対の方向へいって殺人までしているので、そのことによってそういう素地さえも回心後は消去されているといえよう。素地とは自己維持作用の可能性といえるが、パウロではそういう可能性は消えている。彼のような大きな転回がないと、回心後でもそういう可能性はどこかに隠れたまま存しているのではあるまいか。神秘主義ではそういう素地が純粋なものと一になっているのであろう。ない交ぜになっているのであろう。

【注】

1） G・フォン・ラート　荒井章三訳『旧約聖書神学Ⅰ イスラエルの歴史伝承の神学』1990 p.128 以下
2） H. Cazelles; Alltestamentliche Christologie zur Geschichte des Messiasidee 1983 p.131
3） ibid p.168
4） 有賀鉄太郎『キリスト教思想における存在論の問題』昭 44 p.125,185,190～194,206,269,376 など
例えば p.206 には次のように書かれている。純粋の「はたらき」としての「われはハーヤーする」である。ギリシャ的思考法をト・オンの論理、すなわちオントロギアと呼ぶことをうるなら、ヘブライ的思考法はこれに対して、むしろハーヤーの論理、すなわちハヤ

トギアと呼ぶべきものであろう。以上である。しかし神のハーヤーは当然人のハーヤーとは異なる面を有しているであろう。そこでギリシャ的オントロギアと対比しうるように、ハーヤーとロゴスとを結合してハヤトロギアとして考えると、人のハーヤーについてはともかく神のハーヤーについては妥当しなくなるのではないかという疑問が生じるのである。両者の結合は神人合作を連想させるからである。神は人を超えてはるかに高い存在なので、そのハーヤーにも人のハーヤーを超えた、人のロゴスでは把握しきれない要素があるであろうから。そういう点にこそ神の神たるゆえんが存していると思われるのである。

　　　　（2）

　サムエル記下 7,14 ではナタンの預言によればダビデが「わたしの子となる」とせられている。つまりヤハウェの養子となっている。彼が過ちを犯すときは懲らしめるとされている。歴代誌上 22,9 以下、28,6 以下ではソロモンは同様にわたしの子とせられている。主と王との関係の緊密さが分かるのである。後者では「わたしの戒めと法をしっかりと行うなら、わたしは彼の王国をとこしえに堅く据えよう。」といわれる。いずれにしても全く無条件的に神が王を守るというのではない。サムエル記下 14,17 には王は神の御使いのように善悪を聞き分けるという。14 章 20 節には王は神の御使いのような知恵を持ち、地上に起きる全てを知っているという。いったん油注がれるとこういう状態になると信じられているのである。歴代誌下 21,7 は詩編 89,4 に、また歴代誌下 6,42 はイザヤ 55,3 に言及し、ダビデとの間で立てた契約を尊重するという趣旨のことを述べている[1)]。こういう状況とささか矛盾するのではないかとも思われる記事が見られる。サムエル記下 21 から 24 章にかけて主としてダビデについての話が出ている。人口調査したことについて彼は 24 章 10 節にあるように"重い罪を犯した"という。この点が分かりかねる。3 節で「王はなぜ、このようなことを望まれるのですか。」という。1 節で「『主はイスラエルとユダの人口を数えよ』とダビデを誘われた。」という。つまり主が誘われたとあるように主の意志が働いているのである。そのとおりに彼がしてしまったのが悪いのであろうか。民の数は多いのであるから、あえて人口調査はしなくてよいということか。調査することは主への信頼が不十分なことを表しているのか。

まさにそうなのか。歴代誌下1,7には「神はソロモンに現われて言われた。」という。出エジプト24,10では「イスラエルの神を見ると、その御足の下にはサファイアの敷石のようなものがあり」という。11節には「彼らは神を見て、食べ、また飲んだ。」という。ここでは神を見ても死んではいない。民の代表者が見るという具合に神からの暗黙の了解がある場合は見てもよいのであろう。サムエル記上4,4には「ケルビムの上に座しておられる万軍の主」という。同下6,2でも同様である。イザヤ6,1には「高く天にある御座に主が座しておられるのを見た。衣の裾は神殿いっぱいに広がっていた。」という。神の現臨が極めて具体的、リアルに受け取られているのである。王が王座に座すように神はその座に座すのである。神は自己本来の住む場所である天から下ってきてその座に座すのであろう。また「神を見る」ということを字義どおりに受け取る必要はないであろう。神を見る者は死ぬのであるから。

　さて、人口調査を行ったことは人間の側での事情に依存しようとすることである。そういう態度が露呈している。この点、神に信頼しようとする態度とは背馳している。かくて神の怒りに触れるのである。このことは羊飼い用の杖一本を持って、ペリシテ人の勇者ゴリアトと対決したダビデ（サムエル記上17章）とは全く異なっている。神の導きは人の目には見えない。見えざる神への信頼が大切とされている。「神が誘われた」という考えが神への信頼を欠いた態度なのであろうか。敵対民族との戦争という問題が背景にあるのである。誘われたという思い自体が神への正しい信仰に基づく信頼を現していないのであろう。その聖句は創世記において蛇がアダムに問いかけたのと同じ趣旨といえる。これは神の摂理下でなされたことなので、神の意志でもあろう。アダムがそういう誘惑に負けないことを神は期待していたのであろう。蛇がエバを騙し、エバがそれに乗せられたのと同じ事情であろう。たとえ主の"誘い"があっても、それに従ってはならないのである。サタンが主に偽装することもあるからである。それだけ主体的な神への信仰が求められているといえるのである。

人口調査は民数記1,2以下;4,34以下;26,2以下などでも主の命によって行われている。主の「命」なしに行ったので罪となるのである。主に信頼する代わりに人の"数"に頼ろうとしているからである。

エレミヤ10,10において「その怒りに大地は震え　その憤りに諸国の民は耐ええない。」という。現代の人間がここまでリアルにこういう審判を感じるであろうかという疑問が生じる。感じえないので、ここには無理な解釈が入り込んでくる。例えばナチスによるユダヤ人迫害はキリストを信じていないからという具合にである。積極的に神がナチスを意図的に動かしてそうしたというのではなくて、ナチスのそういう方向への動きを神が黙認したと考えるのである。キリストを真に神の受肉として理解し、またイスラエルのカナン進攻に当たっての他民族の聖絶という神の命令を考えると、そういう理解も全くの的外れともいえないかもしれないが。黙認というより、より客観的に神の立場について考察した結果でもあろう。積極的干渉というのはより信仰的、主体的な神の立場についての見方ということであろう。黙認というのはより自由な見方であり、積極的干渉というのはより信仰密着的な見方といえよう。どちらも同じことを見方を変えて見ているに過ぎないといえる。

エレミヤ35,6以下にはレカブの子ヨナダブがぶどう酒も飲まないような遊牧的生活をせよと命じたので、そうしているという話が見られる。どこまでも過去の生活様式を守っている。それが7節にあるように長く生きる術だと信じているのである。先住民と同じ生活をすると宗教的にも同じ局面が混入するので、それを避けるためであろう。かくてこれは信仰の純粋さの維持と関わっているのである。

【注】

1）S. Japhet: The Ideology of the Book of Chronicles and its Place in the Biblical Thought 1989 p.458

あ と が き

　表裏ということであるが、表は自我の世界、裏は無我の世界。表にも裏にも、また表と裏との間にも多様な形態の考え方が存しうるであろうが、両者は一体である。そういう性格の表裏一の世界も啓示を受容したヒトに対しては、全体としてモノの世界といえるであろう。神の啓示を信じてモノからヒトへと転じた霊の人がそういう表裏一のモノの世界を突破するのである。そういう突破という出来事として、主として新約における霊の理解を、また主として旧約における歴史での神の導きという契機を考えた。一口でいえばモノ（啓示受容以前の人間をも含む）からヒト（啓示受容した人間）へと人間を変えることが突破の内実である。啓示が入り来たるには人間において自我崩壊という事態が生じることが不可欠である。さらに積極的ないい方をすれば啓示受容に応じた個霊の誕生という事態が不可欠である。現象そのものとしては禅での自我否定もキリスト信仰での自我崩壊も同じであろう。だが後者では人格的事柄の顕在化が同時に生起している。かくて両者はいわば交叉した後相分かれるのである。そこで人格全体としては全く異なっているといえよう。同と異とがいわば逆説的に統一されているのである。

　さて、本書はキリスト信仰の立場から考えて、主として宗教史的、歴史的観点から、東西の宗教について、啓示に基づくキリスト信仰から見れば基本的には同一次元のものである点についてまず扱い、次いでそれを啓示は突破することを述べている。一方、元来一つのものを二つに分けたもう一方の、次回に出版予定の『東西両宗教の内実的同異』ではキリスト信仰の立場から考えて、主として主体的、実存論的観点に立って東西両宗教の内実の同じ点と異なっている点とについて論じるつもりである。これら二つの観点は本来切り離しうるものではないのであり、かくてこれら二書は一体的とも考えられ、深く関連している。このように両書は同じ事柄を扱っているが、見る観点が異なっている

のである。前者では実存的受容による啓示に基づくキリスト信仰に特に配慮はしていない。一方、後者ではまさにその啓示の場に立って東西両宗教について仏基関係とキリスト教内との二つの観点において東洋的無とキリスト信仰との関わりが考察されている。

2009年5月

著　者

■著者紹介

名木田　薫（なぎた　かおる）

昭和 14 年	岡山県に生まれる
昭和 37 年	京都大学経済学部卒業、その後 3 年間武田薬品工業(株)勤務
昭和 40 年	京都大学文学部学士編入学　基督教学専攻
昭和 47 年	京都大学大学院博士課程単位取得退学、和歌山工業高専講師
昭和 60 年	岡山理科大学教授
平成 5 年	ドイツ・チュービンゲン大学神学部へ留学（1 年間）
平成 7 年	倉敷芸術科学大学教授
平成 15 年	同大学退職（3 月末）

主要著書

『信仰と神秘主義』（西日本法規出版、1990）
『救済としてのキリスト教理解』（大学教育出版、1995）
『東洋的思想への問』（大学教育出版、2001）
『パウロと西洋救済史的思想』（大学教育出版、2004）
『旧約聖書での啓示と受容』（大学教育出版、2006）
『西洋キリスト『教』とパウロ的『信仰』』（大学教育出版、2008）

東西の表裏一と聖書的思考

2009 年 7 月 30 日　初版第 1 刷発行

■著　　者──名木田　薫
■発 行 者──佐藤　守
■発 行 所──株式会社 大学教育出版
　　　　　　〒 700-0953　岡山市南区西市 855-4
　　　　　　電話 (086)244-1268 (代)　FAX (086)246-0294
■印刷製本──サンコー印刷(株)
■装　　丁──ティーボーンデザイン事務所

Ⓒ Kaoru Nagita 2009, Printed in japan
検印省略　落丁・乱丁本はお取り替えいたします。
無断で本書の一部または全部を複写・複製することは禁じられています。

ISBN978 - 4 - 88730 - 926 - 5